はじめての会社法

公認会計士試験 企業法対策

TAC公認会計士講座
田﨑 晴久

JN039454

TAC出版

はじめに

　公認会計士を目指す人の多くは法学部以外の学部で学んだ人であり，試験科目としてはじめて会社法に直面した，という人もいるでしょう。

　そういう人たちにとって，既存の会社法テキストは敷居が高いものに感じられ，学習効率がとても低かったのではないでしょうか。そういうテキストは，法律の専門家が読者に法律の素養があることを前提にした書き方をしているのだから，それも当然といえます。

　そこで本書は，「法律を勉強したことのない人」を読者として想定し，法律の知識ゼロから会社法の基礎をこれ１冊でいきなりマスターできるように工夫して作りました。

　まず，難解な専門用語をなるべく使わず，日常用語で説明しています。

　次に，図や表をたくさん使って，法律制度や概念がイメージしやすく，知識も整理しやすいように心がけました。

　最大のポイントは，説明の順序を専門書とはまったく違うものとしたことです。専門書は伝統的に，「法人とは何か」「会社とは何か」という雲をつかむような難解な話題を，難解な専門用語を駆使して，それもいきなり展開します。本書は，とにかくイメージしやすいところから話をはじめています。

　まずはこの本を順に読んでみてください。一度でわからなくても，何度か通読すればかならず理解できるようになるはずです。

　会社法は難しくありません。説明が難しかっただけです。

　「稽古とは一より習い十を知り十よりかへるもとのその一」（千利休）という言葉があります。意味深い言葉ですが，「十を知り，もとの一に戻ったときに初めて基本がわかり，さらに飛躍ができる」という意味だと考えたいです。

　本書も，「一」から勉強をはじめ，合格レベルの「十」に達したのちに戻るべき「一」として書いたものです。

　本書が，あなたにとって「はじめての会社法」となることを願っています。

【第6版刊行にあたって】

　平成17年（2005年）に「会社法」が制定され，その後，平成26年（2014年）および令和元年（2019年）に会社法の改正がありました。

　平成26年の改正では，監査等委員会設置会社の新設，社外取締役等の要件の見直し，会計監査人の独立性の強化等の機関に関する大きな改正が行われました。そして，令和元年の改正では，株主総会参考書類等の電子提供制度，取締役の報酬規制の整備，監査役会設置会社における社外取締役の設置の義務づけ等の改正が行われました。

　「はじめての会社法」は，会社法だけでなく，上場会社に対する会社法の特則といわれる金融商品取引法の情報開示の大要も含めて平成20年（2008年）に初版を刊行いたしました。その後，必要に応じて改訂をしてきましたが，このたび第6版の刊行にあたり，あらためて「はじめての」会社法にふさわしいよう表現や説明を全体的に見直しました。

　また，令和元年会社法改正のうち，株主総会資料の電子提供措置，取締役の報酬規制，社外取締役の設置義務について言及しました。

令和5年4月吉日　TAC法学研究室にて

田﨑　晴久

も く じ

第2章　株　式

第3章　情報開示

第4章 組織再編

第5章 会社の設立

第6章 会社の概念

はじめての会社法

　本書は，会社法を初めて勉強する人のためのテキストである。

　会社法という言葉から，「会社についての法律」であることは読み取れるはずである。ところで，会社という言葉から何をイメージするだろうか。

　会社というと，自動車産業のトヨタ自動車や日産自動車，コンピュータ産業の巨人マイクロソフト社などが思い浮かぶだろう。ところが，あなたの住む街のおとうふ屋さん，これも会社である。きっと，お父さんとお母さんと息子さんだけで経営している，会社である。

　トヨタ自動車と街のおとうふ屋さんを並べて，同じ「会社」として扱って，同じ法律をあてはめる。これはどことなく奇異に感じられるのではないだろうか。

　そのとおりである。同じく扱うのはやはり実態にそぐわない。だからこそ，会社法はこれらの会社をそれぞれのバリエーションに適した扱いをするようになった。

　するようになった，という所以は，かつての商法ではそうではなかったからである。旧商法会社編は，すべての会社を同じく扱い，別の法律で若干の違いを設けていただけだった。

　本書では，旧商法については意図的に触れていない。旧商法についてある程度勉強していた人にとっては，「どこがどのように変わったか」という視点が会社法学習には有益であろう。だが，本書は先に述べたとおり，「初学者向け」という位置付けなので，むしろ混乱を避けるべく会社法の解説に徹することとした。

　また，標準的な大学での教え方とも違った順序で解説している。抽象的な総論が冒頭にくることが多いのだが，本書ではそれを末尾に追いやっている。抽象的な法理論よりも，実生活からの経験知をベースに学習するほうが早いはずと考えたからである。

　そこで，「会社のイメージ」に戻ってほしい。

「会社」というとき，何を思い浮かべているか。大きな本社ビル？　大きなお店？　店長さんや工場長？…

　確かに，そういう存在も会社を構成する要素ではある。しかし，会社法という法律がコントロールしようとしているのは，いわば会社本来の構成要素である。それは何か。

　答えを先に述べると，会社の機関である。会社は，本来的にいくつかの機関と呼ばれる要素から構成されている。株主総会・取締役会・代表取締役・監査役，これらがその代表例である。聞いたことがあるだろう。ただ，本社ビルと同じようにイメージできるかというと，難しいだろう。

　本書を通じて会社法の勉強を始めようとする人たちは，まず会社のイメージというものをつかんでほしい。会社は空想の存在でもなく，理念や観念でもない。私たちと同じように，実体的な存在であり，意思と行動によって活動している。

　そのイメージを具体的にしっかりとつかんでもらうために，本書では，会社の機関についての解説から始める。その次に，株式の話である。ここまでがメインになる。そのあとの章は，全体の概説にとどめている。それは細かすぎるからである。

　また，本文中に「advanced」というコラムがある。これは，一歩踏みこんだ論点や細かい争点についてのワンポイント解説である。はじめて読むときにはすべて飛ばして読んでもらってかまわない。二度目，三度目になってから読むことで，学習はスムーズに進んでいくと思う。

　さて，ここで特にお勧めしたい勉強法がある。本書を読み切ったら，ぜひ一度，法律の条文そのものを読んでみてほしい。もうそのころはすでに，六法を開いてみてびっくり仰天，ということはないはずだ。会社法は条文が細かく，具体的である。裏返せば，条文さえ読めれば会社法はわかる，ということだ。

　ぜひ一度，お試しあれ。

第 1 章

機 関
─株式会社の運営機構─

1 会社は誰のため，何のためにあるのか

あなたが自分でお金を集めて出資をして何かビジネスを始めるとしよう。

1人であれば（個人企業），あなたは企業のオーナー（所有者）として自分の思いどおりにビジネスを行い，もちろん儲けもすべて自分のものとできる。しかし，1人の人間の力には限界がある。夜は眠らなければ翌日働けないだろうし，2か所に同時にいることも不可能で，しかもいずれは引退して老後を過ごし，この世を去ることになる。そういう意味で，個人企業ではビジネスの中身やスケールや期間においておのずと限度がある。

これに対し，会社は何人かの人が集まって共同でビジネスをするので（共同企業），労力を結合したり，複数の人から多くの出資を集めることで，より大きな事業を営むことができる。また会社は，倒産しない限りは個人のように死ぬこともない。そこで，今日の社会での経済活動の大部分は会社の形態をとって行われている。

このような会社に出資をした人（出資者）を会社の社員という。株式会社の社員は，株主と呼ばれる。会社の社員は，企業に出資をした人として，会社という共同企業のオーナー（共同所有者）ということができる。

個人企業では，オーナー自身が儲けるために活動する。株式会社も個人企業と同じく，オーナー，つまり共同所有者である社員が儲けるために活動して，獲得した利益は社員に分配される（105条2項参照）。つまり，会社は株主（企業の共同所有者）の利益のために存在するといえる。

では，株式会社はどのようにビジネス上の意思決定を行い，それを実行するのだろうか。

株式会社の運営の仕組みを定めているのが，「会社法」という法律の第2編「株式会社」第4章の「機関」という部分である。

2 ▶ 会社の機関とはどういうものか

　経済社会の中で独立に経済活動を行うことができる「人」には，われわれ人間（これを法律の用語では法人と区別するためにあえて自然人と呼ぶ）のほかに法が作った「人」としての「法人」が含まれる。

$$
\text{人}\begin{cases}\text{自然人（人間のこと）}\\\text{法　人}\end{cases}
$$

　会社は法人（3条）として，われわれ人間と同様に経済活動を行う。しかし，会社は法「人」といっても，人間のように意思決定をする頭脳も活動を行う肉体もない。そこで，一定の地位にある人間またはその集団が行う意思決定や活動を，会社自体のそれとみなすのである。そうすることではじめて，会社という法人の活動は可能となる。

　会社の意思決定または行為をする者として，法律によって定められている自然人または自然人から構成される会議体を会社の機関という。

　人が頭脳という「器官」で考えたこと，口という「器官」で話したことが，人の意思決定であり意思表示であるように，株式会社では株主総会や取締役会という「機関」が意思決定をし，代表取締役や代表執行役といった「機関」が実行した場合に，会社の意思決定があり会社の行為があったとするのである。

　つまり，最低限必要なのは，経営のための意思決定をする機関と，現実に交渉したり契約書にサインしたりする機関である。加えて，所有者のためにこれらの機関を監視する機関も必要になるのである。

3 株式会社の機関設計

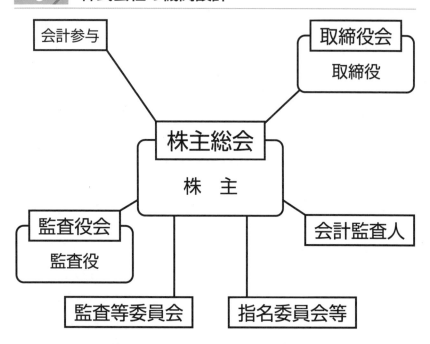

　これが会社の機関の全体像である。これらをどのように組み合わせるのか,それが機関設計である。株主総会の上に並んでいるのが経営を行うシステム,下にあるのがそれに対する監視のシステムである。よく見ておいてほしい。

　国税庁の統計（令和3年度）によれば,日本には株式会社が約260万社あるが,そのうち株式が証券取引所で取引されている上場会社は,ほんの一握りで,令和4年現在の東京証券取引所における全上場会社数は,約3,700社にすぎない。残りの大部分は中小企業である。日本を代表するような大企業と,家族だけで作った小規模な同族会社とでは,株主数も経済社会に与える影響も異なるのだから,会社の運営機構として法律上まったく同じ仕組みを要求するのは意味がない。

　そこで,会社法は,①公開会社か非公開会社か,②大会社か中小会社か,

という2つの座標軸で株式会社を4つに分類し，それぞれに応じた機関設計のルールを定めている。機関設計のルールに関する規定は一見複雑だが，考え方が分かってしまえば簡単である。

〈機関設計の座標軸〉

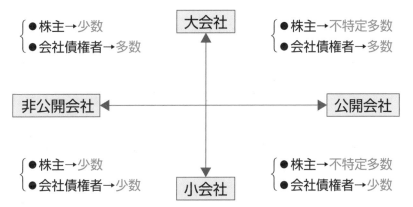

株式会社の機関としては，まず，会社のオーナー（共同所有者）の意思を決定するための機関として，株主から構成される株主総会が必ず必要である（295条，326条参照）。

その株主総会の下に位置する機関として，どのような機関を設ける必要があるか，また設けることができるかという機関の設計に関するルールは，326条〜328条に規定されている。

機関設計のルールは，①公開会社か公開会社でない会社（つまり非公開会社）か，②大会社か大会社でない会社（つまり中小会社）かで，4つの類型に分かれる。機関の設計を理解するうえで，公開会社（2条5号）と大会社（2条6号）の定義が重要である。

【1】公開会社・非公開会社の座標軸

公開会社・非公開会社の座標軸は，取締役会の設置を強制するかどうかの境界である。

9

```
          ┌ 公開会社 ┌ ● すべての株式が譲渡制限株式でない
          │        └ ● 2以上の種類の株式を発行し，一部が譲渡制限株式でない
          │
          └ 非公開会社：すべての株式が譲渡制限株式
```

①　公開会社・非公開会社とはどういう意味か

　公開会社とは，株式の売買が株主の自由に任されている会社である。逆に非公開会社とは，株式の売買に会社の承認がいる会社である。

　東京証券取引所において，株式が日々売買され株価が変動するように，株式は自由に譲渡できるのが原則になっている（127条）。

　しかし，それはトヨタのような株主が多数いる会社にとってこそふさわしい原則である。家族だけで経営しているおとうふ屋さんにとってはむしろ逆であり，家族だけで会社を運営することが大切であろう。

　つまり，会社にとって好ましくない者が株主となることを防止し，会社経営の安定化を図りたい，そう考えるはずだ。そこで，株式を売ったり買ったりするときに会社自身の承認を得なければならない，というルールを定款（会社の基本的な規則）に定めてよい，としている。このような制限がある株式を譲渡制限株式という（2条17号）。そして，この制限をすべての株式にかぶせている会社を非公開会社という。これに対して公開会社とは，株式の全部または一部が譲渡制限株式でない株式会社の意味である（2条5号）。

　非公開会社では，株主の異動はまれで，信頼関係のある少数の株主から会社が構成されている。そのような会社では，株主が相談して会社を運営することが可能である。しかし，多数の株主がいてしかも常に変動し各地に分散している公開会社では，それは無理である。そこで，会社を効率的かつ適正に運営する仕組みが必要となる。

② 公開会社では取締役会の設置が強制される

非公開会社は株主の変動が頻繁に生ずることはなく，株主相互に信頼関係がある。そこで，会社のオーナーである株主が株主総会を通じて自ら決定し，執行機関を監督することが可能であるから，簡素な機関設計でもよいことになる（☞1章1節4-1）。

他方公開会社では，株式の全部または一部が自由に譲渡できるので，会社のオーナーである株主が頻繁に変動し相互に信頼関係のない株主が各地に多数分散する可能性がある。このような数の株主が株主総会を通じて機動的に業務執行の意思決定をなすのは事実上不可能だし，執行機関を監督するのも不可能である。そのため，会社の効率的運営・適正な運営のための仕組みとして取締役会の設置が強制される（☞1章1節4-3）。

【2】大会社・中小会社の座標軸

大会社・中小会社の座標軸は，会計監査人の設置を強制するかどうかの境界である。

① 大会社・中小会社とはどういう意味か

大会社とは，最終事業年度（2条24号）にかかる貸借対照表に資本金として計上した額が5億円以上，または，最終事業年度にかかる貸借対照表の負債の部に計上した額の合計額が200億円以上のいずれかに該当する会社である（2条6号）。それ以外が，大会社でない会社（中小会社）ということになる。

大会社の基準として，資本金5億円以上または負債200億円以上という2つの基準を用いているのは，資本金の額が大きければもちろん，資本金の額が少なくても負債が大きければそれだけ会社と取引をする利害関係人（会社債権者）が多く，彼らの保護を図る必要があるからである。

② 大会社では会計監査人の設置が強制される

　大会社（2条6号）では会社をとりまく利害関係人が多いので，粉飾決算等が行われれば多くの人が多大な損害を被ることになる。そのため，会社の経営内容を表す計算書類が適切に作成され，開示されることが重要である。

　このように大会社では中小会社に比べて会社の会計処理の適正化を図る必要性が大きいことから，会計のプロである会計監査人（なれるのは公認会計士・監査法人，337条1項）の設置が強制される（328条）。

4 ▶ 2つの座標軸で機関設計を分類するとどうなるか

	非公開会社	公開会社
大会社	会計監査人が必要 （328条2項）	機関設計の自由を認めない （328条1項）
中小会社	定款自治の範囲が広い （326条）	取締役会が必要 （327条1項1号）

　2つの座標軸で機関設計のルールが決められるが，非公開会社で中小会社である場合が，最も機関設計の自由度が高い（定款自治の範囲が広いという）。

　他方，公開会社で大会社の場合には一定の機関の設置が強制され，機関設計の自由は認められない。

　ここからは座標軸で分類される4類型で，どのような機関設計が可能かを検討するが，最低限度いかなる機関が必要かに注意するのがコツである。それぞれ図に示しているのでよく見ておいてほしい。オプションで付けられるものは，会社の自由に任せておけばよいからである。

　そして，当該会社がどのような機関設計をしているかは，会社の取引相手にとって重要であるから（ex.誰を相手に取引をすれば会社と適法に取引をしたことになるかが明らかになる），たとえば公開会社であることによって取締役会の設置が強制される場合にも，それを定款で定め（326条2項），登記しなければならない（911条3項15号～23号）。

〔1〕 非公開・中小会社［株主少数・会社債権者少数］

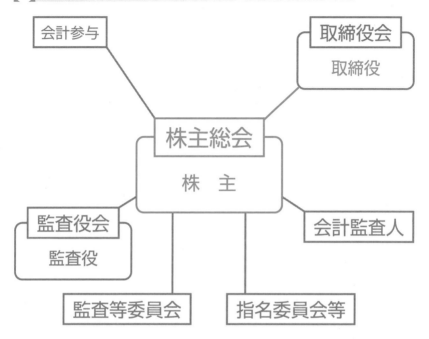

　最小限度必要な機関は，株主総会と取締役である（326条1項）。

　株主総会が万能の機関として，株式会社に関する一切の事項について決定し（295条1項），取締役がそれを執行する（348条1項）。家族で経営しているおとうふ屋さんのような株主の数が少ない小規模会社に適した簡素な機関設計である。注意してほしいのは，株式会社では，会社のオーナーである株主自らが直接経営にあたることは予定されておらず，小規模な会社でも経営にあたる取締役を置かなければならないことである。これを，所有と経営の分離という。

　他方，会社の規則である定款で定めれば，あらゆる機関をオプションとして自由に置くことができる（326条2項）。これによって，小会社であっても，早期の株式上場を望むベンチャー企業等のニーズに応じて，一般の上場会社と同様の機関設計（ex.取締役会＋監査役会＋会計監査人）が可能となる。

　株主総会以外に選択が可能な機関の設計例は次の10種である。なお，会計参与は常に設置が自由なので（326条2項），会計参与の設置を考えれば，選択の余地はさらに増えることになる。

①	**取締役(326条1項)**
②	取締役(326条1項)＋監査役(326条2項，なお389条1項)
③	取締役(326条1項)＋会計参与(326条2項)
④	取締役(326条1項)＋監査役(327条3項)＋会計監査人(326条2項)
⑤	取締役会(326条2項)＋会計参与(327条2項ただし書)
⑥	取締役会(326条2項)＋監査役(327条2項本文)
⑦	取締役会(327条1項2号)＋監査役会(326条2項)
⑧	取締役会(326条2項)＋監査役(327条2項本文3項)＋会計監査人(326条2項)
⑨	取締役会(327条1項2号)＋監査役会(326条2項)＋会計監査人(326条2項)
⑩	取締役会(327条1項3号)＋監査等委員会(326条2項)＋会計監査人(327条5項)
⑪	取締役会(327条1項4号)＋指名委員会等(326条2項)＋会計監査人(327条5項)

　株主総会以外の機関として，「株式会社には，1人又は2人以上の取締役を置かなければならない」（326条1項）。株主が少数でも，株主が株主の資格で自ら会社の経営にあたるのではなく，取締役が経営にあたるという仕組みがとられていることに注意してほしい。

　株主が少数であれば，株主自ら会社の経営にあたることも可能であろうが，何千何万と株主を抱える大企業では，効率的な経営はできないだろう。所有と経営の分離の仕組みにより，経営は経営の専門家に委ねることで，株式会社は多数の出資者（＝株主）を集めて，巨大な営利企業を作ることができるのである。

〔2〕 非公開・大会社［株主少数・会社債権者多数］

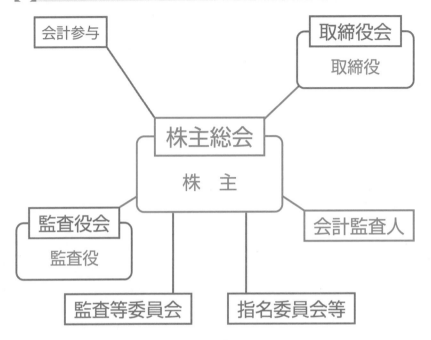

　大会社では，会計監査人の設置が必要である（328条2項）。

　これは会社の規模が大きくなると，会計が複雑になるし，もし粉飾が行われて会社が倒産すると社会的影響が大きいので，会社をとりまく利害関係人保護のため，計算書類が適切に作成され，開示されることが重要となるからである。

　会計監査人は，独立した職業的専門家の立場から，会社の業務執行者が作成した計算書類を監査し，会社の会計処理の適正さを担保することをその役割としている（396条1項）。

　そして，会計監査人を設置する場合には，監査等委員会設置会社および指名委員会等設置会社（☞1章5節）を除いて，監査役を置かなければならない（327条3項）。会計監査人の独立性を確保し，会計監査を有効に機能させるには，その後ろ盾として，業務監査権限を有する監査役（381条1項）の

存在が必要となるからである。

【3】 公開・中小会社 ［株主不特定多数・会社債権者少数］

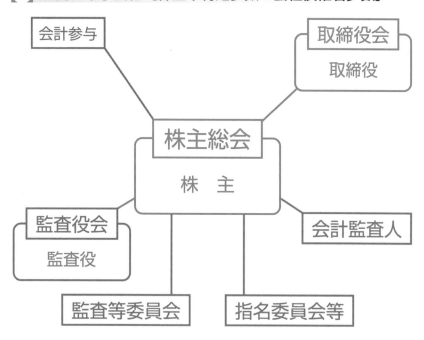

　公開会社には，取締役会の設置が必要である（327条1項1号）。

　取締役会とは，取締役によって構成され，業務執行に関する会社の意思を決定するとともに取締役の職務執行を監督する機関である（362条2項）。

　公開会社では，株主が多数分散する可能性があるので，株主総会で機動的に業務執行の意思決定をなすのは事実上不可能だし（295条2項参照），執行機関を監督するのも不可能である。そこで，業務執行の意思決定を行い，執行する者を監視・監督するために取締役会の設置が義務づけられる。株式会社のオーナーである株主が，会社の効率的運営のために，経営の専門家に経営を委ねるものである。

　その結果，経営者の権限が拡大するので，他方で経営者の権限濫用によって株主の利益が害されないよう，適正・慎重な会社経営を確保する必要がある。そこで，公開会社（取締役会設置会社）においては原則として監査役（327条2項）を置くか，監査等委員会設置会社または指名委員会等設置会社の形態をとらなければならない（327条2項かっこ書）。取締役会および監査役あるいは委員会による複数方向からの牽制により，業務執行機関である代表取締役あるいは執行役の権限濫用を防止し，適正な会社経営の確保を意図したものである。

> 🎼 advanced 🎵　**選択可能な機関の設計例**
>
> | ① | **取締役会(327条1項1号)＋監査役(327条2項本文)** |
> |---|---|
> | ② | 取締役会(327条1項1号)＋監査役会(326条2項) |
> | ③ | 取締役会(327条1項1号)＋監査役(327条2項本文)＋会計監査人(326条2項) |
> | ④ | 取締役会(327条1項1号)＋監査役会(326条2項)＋会計監査人(326条2項) |
> | ⑤ | 取締役会(327条1項1号)＋監査等委員会(326条2項)＋会計監査人(327条5項) |
> | ⑥ | 取締役会(327条1項1号)＋指名委員会等(326条2項)＋会計監査人(327条5項) |

【4】公開・大会社 [株主不特定多数・会社債権者多数]

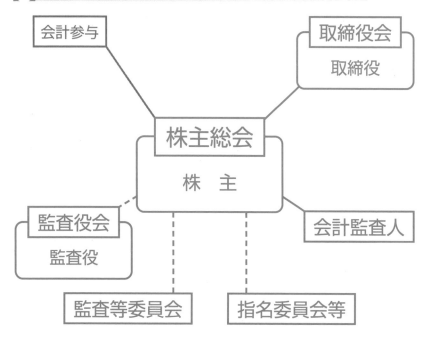

　公開会社である大会社では，株主が各地に多数分散するので，効率的経営を確保するため，経営の専門家に大幅に経営を委ねざるを得ない。その結果，経営者の権限が拡大強化するので，経営者の権限濫用によって株主の利益が害されないよう，適正・慎重な会社経営を確保する必要がある。特に，公開・中小会社と比べて公開・大会社では，経営者が動かす資金量は大きいから，それだけ権限も強大となる。それゆえ，監査役すべてで組織される監査役会あるいは委員会による適正な経営の確保のための仕組みが必要とされる。また，会社債権者も多数存在するので，その保護を図る必要から会計監査人の設置が必要とされる。

　そこで，公開・大会社においては①取締役会(327条1項1号) + 監査役会(328条1項) + 会計監査人(328条1項)，②取締役会(327条1項1号) + 監査等委員会(328条1項) + 会計監査人(328条1項)，③取締役会(327条1項1

号）＋指名委員会等（328条1項）＋会計監査人（328条1項）という3つの機関設計のいずれかしか認められない。

	監査役会設置会社	監査等委員会設置会社	指名委員会等設置会社
業務執行の意思決定	取締役会	取締役会	主に執行役
業務執行	代表取締役・業務執行取締役	代表取締役・業務執行取締役	代表執行役・執行役
業務執行に対する監査・監督	・取締役会 ・監査役会	・取締役会 ・監査等委員会	・取締役会 ・指名委員会・監査委員会・報酬委員会
代表	代表取締役	代表取締役	代表執行役

🎼advanced🎵 監査等委員会と指名委員会等

　平成26年会社法改正により，「監査等委員会設置会社」という新しい形態の機関設計が作られた。

　「監査等委員会設置会社」とは，監査等委員会を置く株式会社をいう（2条11号の2。監査等委員会については399条の2～参照）。従来は，指名委員会・監査委員会・報酬委員会を「委員会」と呼んでいたが（旧2条12号），監査等委員会と区別するため，「指名委員会等」と呼ばれることになった（2条12号）。そして，委員会設置会社と呼ばれていた三委員会（指名委員会・監査委員会・報酬委員会）を置く株式会社は「指名委員会等設置会社」と名称が変わることになった（2条12号）。

　監査等委員会設置会社がどのようなものなのかは，だんだんに説明していくことにする（☞1章3節2-4①，1章3節3-1，1章6節）が，簡単に言えば，業務を執行するのは監査役会設置会社と同様，取締役会で選任された代表取締役であり（399条の13第1項3号2項），経営者が適法に会社経営を行っているかを監視する監査役会の代わりに監査等委員会を置いたものと考えればよい。なお，監査等委員会と「等」が付いていても，委員会が複数あるわけではない。（☞1章6節3-1 🎼advanced🎵）。

5 効率と適正

〈効率と適正の確保〉

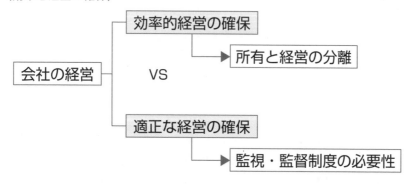

株式会社の運営機構を考える重要な視点は，効率と適正である。

非公開・中小会社では，定款自治の範囲が広く認められる。会社の経営についてはオーナー（株主）に任せておけばよいので（☞1章1節3-1②），問題は少ない。重要なのは，公開会社，とりわけ公開・大会社である。機関が複雑に分化しており，それはなぜかが問われるからである。それに答える重要なキーワードは効率と適正である。

つまり，株式会社では会社のオーナーである株主が経営を行うのでなく，経営の専門家に委ねるという所有と経営の分離が可能となっている（☞1章1節4-1）。特に，株主が多数になる可能性がある公開会社（取締役会設置会社，327条1項1号）では，効率的（合理的）会社経営を確保するために，株式会社の経営を経営の専門家に委ねる必要性が大きい。

その結果経営者の権限が拡大強化するので，他方では経営者の権限濫用によって株主の利益が害されないよう，適正・慎重な会社経営を確保する必要がある。そこで，公開会社（取締役会設置会社）では機関が複雑に分化するのである。これは，機関相互の牽制・監視により適正・慎重な会社経営の確保を図るためである。

advanced 会社の種類

会社には，2系統・4種類ある（2条1号，575条1項かっこ書）。

$$
会社\begin{cases}
株式会社（会社法第2編）\\
持分会社（会社法第3編）\begin{cases}
合名会社\\
合資会社\\
合同会社
\end{cases}
\end{cases}
$$

持分会社では，社員自らが会社の経営にあたることが予定されており（590条1項，599条1項），会社の内部関係については共通の規定になっている。重要な事項は全員一致で決めるという（637条）街のおとうふ屋さんのように各人の労働力を結集するための会社だといえる。

他方，株式会社において，株主自らが会社の経営にあたるのを原則としたのでは，株主が少数なら何とかなるが，株主が多数だと「船頭多くして船山に上る」というように，まとまりがつかず，物事はうまく運ばないだろう。そのため，株式会社では，株主（＝社員）でない者が取締役として会社経営にあたることが制度上可能となっている（所有と経営の分離）。経営の専門家に経営を委ねるわけである。

所有と経営の分離は，多数の出資者から大量の資金を集めて大規模な事業を行うことを可能にするための仕組みである。

持分会社	合名会社（576条2項）	原則として，社員に業務執行権・代表権あり（590条1項，599条1項） →所有と経営の一致
	合資会社（576条3項）	
	合同会社（576条4項）	
株式会社	社員（＝株主）に業務執行権・代表権なし（326条，348条1項2項，349条，362条，363条，418条） →所有と経営の分離（326条1項）	

第2節 株主総会

1 株主総会の権限

　株主総会は，企業のオーナーである株主によって構成される合議制の機関である。つまり，株主個々人は株主総会のメンバーではあるが機関ではなく，株主の集合体である株主総会が機関である。そのため，株主総会は決議という方法で会社の意思決定をするだけで（295条参照），業務の執行はできない。

　会社法は株主総会の権限について，取締役会の設置の有無（つまり取締役会設置会社かそうでないか）によって，決議できる範囲について異なった取扱いをしている。

取締役会非設置会社	株式会社に関する一切の事項について決議できる（295条1項）	「最高かつ万能の機関」
取締役会設置会社	会社法に規定する事項および定款で定めた事項に限り，決議できる（295条2項）	会社の実質的所有者から構成される「最高の機関」ではあるが万能の機関ではない

　ここでの重要な視点は，株主総会と取締役会の役割分担とその理由を整理することである。

　株主総会は，会社のオーナー（実質的所有者）から構成されるいわば株式会社の最高の機関であるから，本来であればすべての事項について決定できるはずである。現に取締役会のない会社においては，株主総会は会社に関する一切の事項について決議をすることができる（295条1項）。文字どおり「最高かつ万能の機関」といえる。

〈取締役会非設置会社〉

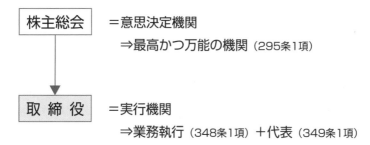

しかし，取締役会を設けた場合は違う。株主総会が決議できる事項はオーナーである株主にとって重要な事項に限定される（295条2項）。株主総会の権限は縮小されているのである。なぜなら，取締役会がある以上，経営は取締役会に任せているはずだからである（362条2項1号）。つまり，取締役会を設置するということは，会社の意思決定のうち業務執行の決定権限を取締役会に委ねることを意味する。機関の問題は，機関の権限分配に関する会社法の建前・大枠を理解する必要がある。

〈取締役会設置会社〉

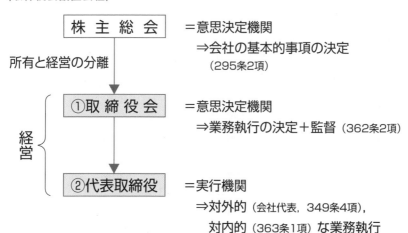

2　株主総会の決議事項

　会社法が定める株主総会の決議事項は，一言でいえば「株主にとって大事なこと」である。

　所有と経営が分離された株式会社においては，誰に経営を任せるかが最も重要なことになる。そこで，取締役をはじめ役員等の選任（329条1項），解任（339条1項）は，株主総会の権限とされている。

株主にとって最重要	株主の重要な利益に関する事項	剰余金の配当（454条1項），株式の併合（180条2項），一定の自己株式取得（156条1項，160条1項，175条1項）など
会社運営にとって最重要	機関の選任・解任に関する事項	取締役や監査役の選任（329条1項）・解任（339条1項）など
	役員の専横の危険のある事項	取締役の報酬等の決定（361条），会計参与の報酬等の決定（379条1項）など
会社の存続にとって最重要	会社の基礎的変更に関する事項	解散（471条3号），定款変更（466条），合併（吸収合併の消滅会社は783条，存続会社は795条，新設合併の消滅会社は804条），会社の分割（783条，795条，804条），事業譲渡（467条1項）など

　ここで注意すべきことは，会社法の規定において株主総会の権限とされている事項について，取締役，執行役，取締役会その他の機関がその決定をすることができるとする定款の定めは，その効力を有しない（295条3項）ことである。つまり，株主総会から取締役会へ決定権限を委譲することは許されないということである。なぜなら，会社法が株主総会の権限とした事項は，経営者の判断に委ねたのでは株主の利益が害されるので，株主が自ら決定すべきだと留保されたものだからである。

3 ▶ 株主総会の招集手続

　株主総会は，会社のオーナーである株主によって構成される合議制の機関であるから，株主総会を開くにはそのメンバーである株主を集める必要がある。そして，公開会社（＝取締役会設置会社）では制度的に所有と経営が分離していることから，株主総会は株主にとって自己の利益を守り自己の意思を経営に反映させる重要な場だといえる。

　そこで，株主の意思を株主総会に充分に反映させるため，招集手続にどのような工夫がなされているのかを押さえておく必要がある。

♪advanced♪ **招集手続は省略できるか**

　株主の全員の同意があるときは，招集の手続を省略して株主総会を開催することができる（300条）。そもそも招集手続が法定されているのは株主の利益保護のためであり，個々の株主総会において株主がこの利益を放棄することは自由だからである。

【1】公開会社

	通知の時期	通知の方法
公開会社 （＝取締役会設置会社）	通知発出は株主総会の日の2週間前まで	・原則として，書面で通知をする ・株主総会の目的である事項を通知しなければならない

　株主が多数分散する可能性がある公開会社では，株主に出席の機会と準備の期間を十分に与える必要がある。取締役会の設置が強制され（327条1項1号），株主総会の権限が縮小された（295条2項）公開会社では，株主は会社の経営状態を知らないのが通常だからである。そこで会社は，各株主に対して株主総会の2週間前までに招集通知を発しなければならず，通知は目的である事項を記載した書面でしなければならないとしている（299条1項2項2号4項）。

　ただし，株主の承諾を得た場合には電磁的方法による通知の発出も可能である（299条3項）。電磁的方法とはインターネットを利用した電子メールである。電子メールを利用すれば郵便等を利用した招集通知よりも会社のコストの削減になる。しかし株主の中には電子メールを利用できない者もいるので，株主の承諾が必要とされているのである。

　そして，取締役会設置会社では株主総会の目的である事項（つまり通知した事項）以外の事項は決議できない（309条5項本文）。会社のオーナーである株主にとって株主総会への出席および株主総会での議決権行使は義務ではなく権利の行使であり，株主は通知された事項によって出席や議決権の行使を判断するため，通知されていない事項を決議することは株主に対する不意打ちになるおそれがあるからである。

【2】 非公開会社

		通知の時期	通知の方法
非公開会社	取締役会設置会社	・1週間前までに通知を発する ・書面または電磁的方法により議決権を行使できる旨を定めたときは，原則どおり2週間前に通知発出	・原則として，書面で通知をする ・株主総会の目的である事項を通知しなければならない
	取締役会非設置会社	・1週間を定款でさらに短縮可 ・書面または電磁的方法により議決権を行使できる旨を定めたときは，原則どおり2週間前に通知発出	・招集通知は，口頭でも可能 ・株主総会の目的である事項を通知する必要はない ・書面または電磁的方法により議決権を行使できる旨を定めたときは，原則として，書面で通知をし，目的である事項を通知しなければならない

　非公開会社では，公開会社に比べて株主総会の招集手続は簡略化されている。特に非公開会社で取締役会非設置会社だという場合は，招集通知は口頭でも可能であり，また日時場所が何らかの方法で通知されていればよく，株主総会の目的である事項を通知する必要はない（299条4項参照）。たとえば街のおとうふ屋さんは自分達の会社（お店）のことは経営状態も含めよく分かっているからである。いわば会社の経営に自分たちの生活がかかっており，株主は経営に関心を持ち，株主総会にも積極的に参加する意欲を持っているわけである。

　ただし，非公開会社においても，書面または電磁的方法により議決権行使ができる旨を定めたときは原則通り2週間前の通知発出が必要となる（299条1項かっこ書）。この場合には，招集通知に際して議決権の行使について参考となるべき事項を記載した書類（つまり株主総会参考書類）を交付しなければならないので（301条，302条），株主総会参考書類の情報を考慮する期間を与える必要があるからである。

【3】 株主総会資料の電子提供措置

　家族だけで経営している街のおとうふ屋さんのような取締役会非設置会社であれば，株主は自分たちの会社のことはよく分かっているはずだから，株主総会を開くにも経営に関する資料を事前に与える必要はない。

　しかし，取締役会設置会社だと，取締役会で業務執行に関する重要な意思決定を行うから（☞1章3節3），株主は会社の経営状態について知らないのが通常である。株主が各地に多数分散するような公開大会社だとなおさらである。

　そこで，取締役会設置会社が定時株主総会を招集するときは，招集通知に際し，株主が株主総会での議決権を行使するための資料となる計算書類および事業報告を提供しなければならない（437条☞3章1節2-3①）。また，書面投票を実施するときは，招集通知に際し，株主総会参考書類・議決権行使書面を交付しなければならない（301条1項☞1章2節3-2, 5-3②）。これらの資料は，株主の承諾があれば，インターネットを利用した電子メールで送ることも可能であるが（299条3項），そうでなければ書面で行う（299条2項3項，437条・施行規則133条2項1号・計算規則133条2項1号）。

　書面（＝紙）で行うには，株主が各地に多数分散する大規模な株式会社であればあるほど，印刷や郵送の時間やコストがかかる。現在では，電子メールで送れば，時間もコストもかからない。

　そこで，令和元年会社法改正は，招集通知に際して，株主総会資料（325条の2第1号～4号）を書面で提供することに代えて，自社のホームページ等のウェブサイトに掲載し（325条の2，施行規則95条の2），株主に提供することができる制度（電子提供措置）を創設した（325条の2～325条の7）。電子提供措置をとる場合には，書面での提供は不要である（325条の4第3項）。

　この制度の創設により，株式会社は，印刷や郵送のために要する時間やコストを削減することができ，従来よりも早期に充実した内容の株主総会資料を株主に提供することができる。

株式会社（∵非公開会社も含む）は，電子提供措置をとる旨を定款で定めることができる（325条の2柱書）。上場会社は，電子提供措置をとる旨を定款で定めなければならない（社債，株式等の振替に関する法律159条の2第1項）。

♪advanced♪ **電子提供措置をとる場合の招集通知**

招集通知をいつまでに発しなければならないかは，公開会社か非公開会社かで違った扱いになっている（☞1章2節3-1, 3-2）。しかし，電子提供措置をとる場合には，株主総会の日の2週間前までに（∵非公開会社も），そのウェブサイトのアドレス等を記載または記録した招集通知を発し（325条の4第1項2項），株主が情報の提供を受けることができる状態に置く必要がある。

なお，電子提供措置をとる場合でも，インターネットを利用することが困難な株主に配慮して，電子提供措置事項を記載した書面の交付を請求することが認められている（325条の5第1項）。

4 株主総会の決議

株主総会の決議には，①普通決議，②特別決議，③特殊の決議がある（309条）。株主にとっての重要性が高くなるほど，決議要件（決議が成立するための要件）が重くなる。

	定足数	議決数
普通決議 （309条1項）	総株主の議決権の過半数にあたる株式を有する株主の出席	出席株主の議決権の過半数
特別決議 （309条2項）	総株主の議決権の過半数にあたる株式を有する株主の出席	出席株主の議決権の3分の2以上の多数
特殊の決議① （309条3項）		総株主の半数以上かつ総議決権の3分の2以上にあたる多数
特殊の決議② （309条4項）		総株主の半数以上かつ総議決権の4分の3以上にあたる多数

5 　株主の議決権

【1】 議決権の重要性

　株主の議決権とは，株主総会の（議案の）決議に加わる権利をいう。

　株主は，原則として株主総会における議決権行使を通じて自己の意見を会社経営に反映させ，取締役の業務執行を監督する。したがって，議決権は株主にとって非常に重大な意義を有する権利である。

【2】 1株1議決権の原則とその例外

　株主は1株につき1個の議決権を有するのが原則である（308条1項本文）。これを，1株1議決権の原則という。

　株主総会では，持株数に基づく多数決（資本多数決）によって意思決定が行われる。持株数が多い株主ほど会社に多く出資しており，会社が倒産した場合のリスクが大きいのであるから，議決権も出資に比例して与えるのが合理的だといえる。株主平等の原則（☞2章1節4）の議決権の面における現れである。

　1株1議決権の原則の例外は，会社法が定めた場合だけ認められる（108条1項3号，308条1項ただし書，308条2項など）。

【3】 議決権の行使方法—議決権行使を容易にする制度

　議決権は，株主が自ら株主総会に出席して行使するのが原則である（309条1項は「株主が出席し」と規定している）が，株主の中には自ら株主総会に出席できない者も存在する。しかし，議決権は株主の重要な権利であり株主の意思をできるだけ株主総会に反映させる必要がある。そこで，株主の議決権を容易に行使させるために次のような特例が認められている。

　　i 　代理行使（310条1項）

　　ii 　書面投票制度（311条1項）

　　iii 　電子投票制度（312条）

① 代理行使

株主は，代理人によって議決権を行使することができる（310条1項本文）。株主が，株主総会の日時に都合が悪くて自ら出席できないような場合に，誰か他の人に頼んで議決権を行使してもらう方法である。

とりわけ株主が広い範囲に分散した会社では，株主が容易に議決権を行使する方法を保障する必要がある。また，会社の実質的所有者である株主にとって株主総会への出席および株主総会での議決権行使は義務ではなく権利の行使であるから，議決権の代理行使を認めても何ら不都合がないといえる。この点，取締役会における取締役の議決権との比較が重要である（☞1章3節4）。

🎼 advanced 🎵 **代理人資格を株主に限定する定款規定は有効か**

多くの会社の定款は，株主の議決権行使の代理人資格を当該会社の株主に限定する旨を定めており，そのため代理人選任に関し，株主は制約を受けることとなっている。そこで，議決権の代理行使の保障をした310条1項との関係で，代理人資格を当該会社の株主に限定する定款規定は有効なのか争いがある。

判例は，定款による代理人資格の制限は原則として有効であるが，合理的理由がなくその制限によって株主の議決権行使の機会を事実上奪うに等しい結果が生じる場合は，定款の規定の適用はないとしている。

---

② 書面投票制度

書面投票制度とは，株主総会に出席しない株主が書面によって議決権を行使する制度である。株主は送られてきた株主総会参考書類（301条）の情報を考慮して，議決権行使書面を会社に提出する（ex.返信ハガキで賛否を会社に通知する）ことによって議決権を行使する（311条1項）。

　　i　**議決権を有する株主の数が1,000人以上の会社 ⇒ 強制**
　　ii　**その他の会社 ⇒ 任意**

株主がたくさんいる会社で書面投票制度の採用が法律上強制されている（298条2項本文）のは，そのような会社では株主が地域的に分散し，自ら株

主総会に出席できる株主の割合が低いからである。

③　電子投票制度

　取締役(会)は，株主総会に出席しない株主に電磁的方法による議決権行使を認めることができる（298条1項4号）。インターネットを通じた議決権行使方法である。IDとパスワードで保護されたWebサイト上で投票するのである。

1　会社の業務執行

　会社がその目的である事業を行うには，たとえば製品の製造・加工・保管や，他社との取引契約を結んだり，従業員と雇用契約を結んだり，帳簿の作成・記録を行うなどの必要が出てくる。これらの会社の目的たる事業を行うために必要な事務を処理することを会社の業務執行という。これらの業務執行は，①対外的な業務執行（つまり会社代表を伴う業務執行）と②対内的な業務執行（つまり帳簿の作成や予算の編成など，会社代表を伴わない業務執行）に分けられる。

　株式会社では，会社のオーナーである株主が自ら会社の経営にあたるのではなく（☞1章1節5），株主総会において，信頼できる者を取締役に選任し，経営の専門家である取締役に経営を委託する（329条1項，330条）。

♪advanced♪　代表とは？

　たとえば対外的に第三者と取引を行う場合，会社法上会社を代表する権限がある者が会社を代表して契約を結べば，会社の行為となる（ex.会社が自社の製品を取引先に1億円で売る売買契約を結ぶ場合，代表権がある者が契約を締結すれば，会社の行為となり，会社は相手方に製品を引き渡す義務を負うとともに，相手に代金を請求できる）。会社の機関としての自然人の対外的行為の効果が会社に帰属するという側面を捉えて，「代表」という表現が用いられる。

2　取締役

【1】取締役の地位

　取締役会非設置会社と取締役会設置会社では，取締役の地位に違いがある。

　取締役会非設置会社では，原則として各取締役が会社の業務を執行し（348条1項），株式会社を代表する（349条1項）。つまり各取締役が会社の機関となる。2人以上いるときは業務執行に関する意思の統一が図られるこ

とが望ましいので，原則として過半数で業務を決定する（348条2項）。

これに対して取締役会設置会社においては，各取締役がそのまま会社の機関となるわけではない。取締役は業務執行の意思決定を行う機関である取締役会の構成メンバーにすぎない。取締役会が会社の業務執行の意思決定を行い（362条2項1号），取締役会は取締役の中から代表取締役を選定し（362条2項3号3項），代表取締役が会社の業務を執行し（363条1項1号），対外的に会社を代表する（349条4項）。

【2】取締役と会社との関係

会社の従業員は，会社と雇用契約（労働契約）を結んでいる。雇用契約は，労働に「従事する」すなわち会社（社長）の命令に支配従属することを約する契約である（民法623条）。これに対し，株式会社と取締役との関係は，委任に関する規定に従う（330条）。

委任契約は，会社が経営に必要な一定の事務処理（会社の経営）をすることを委託する契約である（民法643条）。受任者（取締役）は，委任者（会社）の命令に服する必要はなく，受任者（取締役）の判断で事務を処理することができる。

♪ advanced ♪ 善管注意義務・忠実義務とは？

取締役は民法上の受任者として，経営にあたる。このとき果たすべき責任の基準が，善管注意義務であり（民法644条），忠実義務である（355条）。善管注意義務とは，プロフェッショナル（ex.会計士，弁護士，医者，取締役）に一般的に要求される程度の注意義務のことである。単に，各人が自分の能力や価値観で最善を尽くせばよい，というわけではない。これを尽くさずに経営に失敗した場合には，損害賠償を求められることになる（☞1章7節）。

【3】取締役の資格

会社財産を管理させることが適当でない者に経営を任せるわけにはいかない。そこで，会社法は取締役の欠格事由を定めており，一定の者が取締役と

なることが禁じられている（331条1項）。

　また，広く有能な人材を得るため，公開会社では取締役が株主でなければならない旨を定款で定めることができない（331条2項本文）。非公開会社では，被選資格を株主に制限してもよい（331条2項ただし書）。

【4】選任・終任

① 選任

　誰に経営を任せるかは，会社のオーナーである株主にとって重要なことであるから，取締役は株主総会で選任する（329条1項，309条1項）。

　取締役の地位の重要性から，一部少数者による選任の弊害をさけるため，選任決議の定足数は定款で増減することができるが，議決権を行使することができる株主の議決権の3分の1未満とすることはできない（341条）。

　取締役会設置会社においては，会議体を構成するため取締役は3人以上必要である（331条5項）。取締役会非設置会社では1人でもよい。

> 🎼 advanced ♪　**監査等委員の選任・解任**
>
> 　監査役会設置会社における監査役会が経営者から独立した監査役3人以上（半数以上は社外監査役）で構成される（335条3項）のに対し，監査等委員会設置会社における監査等委員会は3人以上の取締役（過半数は社外取締役）で構成される（331条6項）。監査等委員会の構成は，指名委員会等設置会社と名称を変えた従来の委員会設置会社の三委員会の構成（400条1項3項）と同じで，社外取締役（2条15号）がメンバーの過半数を占めることが要求されている。メンバーの過半数が社外取締役で構成される委員会であれば，その会社の経営者のトップにも遠慮なくものを言うことができる。監査等委員会設置会社は，経営者から影響を受けない社外取締役によって，経営者に対する監査・監督を強化しようとする制度である。
>
> 　監査等委員である取締役の選任・解任に関しては，監査・監督の対象である経営陣からの監査等委員の独立性を期すために特別の規定が置かれている。経営陣からの監査役の独立性を確保するための監査役の選任・解任に関する規定と同様の内容である（☞1章6節3-2）。

② 任 期

原則2年と覚えておけばよい。正確には，選任後2年以内に終了する事業年度のうち最終のものに関する「定時株主総会の終結の時まで」である（332条1項本文）。なお，非公開会社であるおとうふ屋さんの場合は，10年まで伸ばすことができる（332条2項）。家族で経営しているという実態を考慮したものである。

♪advanced♪ 指名委員会等・監査等委員会の取締役の任期

指名委員会等設置会社以外の会社では，原則として，取締役の任期は2年（332条1項）であるのに対し，指名委員会等設置会社の場合には，1年に短縮されている（332条6項）。執行役の任期と同じ1年（☞1章5節2 ♪advanced♪）とされているのは，指名委員会等設置会社では，取締役会の機能は監督機能に特化するので，毎年の定時総会において株主に対し，取締役の信任を問う機会を与えるためである。

監査等委員会設置会社においては，監査等委員である取締役の任期は2年（332条1項）で短縮ができないのに対し，その他の取締役の任期は1年とされている（332条3項）。これは，監査等委員の経営陣からの独立性を強化するためである。

---

③ 終 任

取締役は，欠格事由の発生（331条1項）や任期満了（332条1項2項），解任（339条1項）によってその地位を失う。

株主総会は，その普通決議で（341条参照），いつでも理由を問わず取締役を解任できる（339条1項）。

3 取締役会

【1】取締役会とは

取締役 { 非公開会社：任意機関（326条2項）
　　　　 公開会社：必要的機関（327条1項1号）

取締役会とは，取締役によって構成され，業務執行に関する会社の意思を決定するとともに取締役の職務執行を監督する機関である（362条2項）。

〈機関の権限分配〉

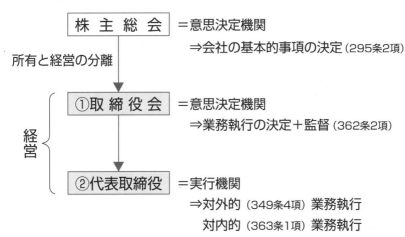

株式会社，特に公開会社では，必ず取締役会を設置しなければならない（327条1項1号）。ここで，なぜ取締役会の設置が強制されるのか，考え方をもう一度整理しておこう。

公開会社は，経営の効率化を推し進めるために，所有と経営を分離している（331条2項本文）。そのため，取締役の権限は広汎かつ強力なものとなる。他方で株主総会は会社の基本的事項を決定するだけで，経営に口を出さない（295条2項）。そこで，効率化に対するバランスとして，経営の適正化を担保する手段が必要になるのである。それが，取締役会制度である。取締役相互の慎重かつ公正な協議により，会社の業務執行に関する意思決定が適正なものとなるようにしたのである（362条2項1号）。

	取締役会
強制設置	①公開会社（327条1項1号） ②監査役会設置会社（327条1項2号） ③監査等委員会設置会社（327条1項3号） ④指名委員会等設置会社（327条1項4号）

　非公開会社にとっては，取締役会を置くかどうかは任意である（326条2項，327条1項1号）。ただし，例外が3つある。

　まず，監査役会設置会社は，取締役会の設置が強制される（327条1項2号）。監査役3人以上（半数以上が社外監査役）で構成（335条3項，390条1項）される監査役会という重厚な監視機構は，経営機構が複雑な場合に必要となるものだからである。重厚な監視機構である監査役会がある以上は，経営機構も取締役1人という単純なものでなく，複雑な経営機構つまり取締役会もあるはずだと強制したのである。

　次に，指名委員会等設置会社の場合も，取締役会の設置が強制される（327条1項4号）。指名委員会等設置会社は，取締役会の内部機関として，取締役3人以上（過半数は社外取締役）で構成される指名委員会等（指名委員会・監査委員会・報酬委員会）を置き（400条，401条），委員会により大きな権限を持つ執行役（416条4項本文，418条）を監督する制度だからである（404条）。

　そして，平成26年会社法改正で創設された監査等委員会設置会社の場合も，取締役会の監督機能の充実という観点から，取締役3人以上（過半数は社外取締役）で構成される監査等委員会を置き（331条6項，399条の2第1項2号），監査等委員会により代表取締役を監査・監督する制度なので（399条の2第3項1号），取締役会の設置が強制される（327条1項3号）。

【2】取締役会の権限

① 業務執行の意思決定（362条2項1号）

　取締役会は，法令・定款で株主総会の決議事項とされた事項（295条2項）を除き，会社の業務執行すべてについて決定する権限を有する（362条2項1号）。そして，362条4項は，重要な業務執行の意思決定は，必ず取締役会が自ら行わなければならない旨（専決事項）を定めている。

<table><tr><td>🎼 advanced ♪ 決議の省略</td></tr></table>

　ある事柄について，株主の全員が書面で同意した場合には，株主総会の決議があったものとしてよい，とされている（319条1項）。たとえば株主が家族だけという街のおとうふ屋さんのような閉鎖的な会社において，手続の簡素化を可能にする趣旨である。特別決議事項，特殊の決議事項についても書面決議は可能である。

　他方，取締役会では，取締役が一同に会し，慎重に協議をして決議を行うのが原則である。しかし，海外進出や海外との取引を考えればわかると思うが，取締役は世界中を飛び回っているはずだ。そこで，機動的な会社運営のため，会社法は取締役会の決議の省略を認めた。先ほどの株主総会決議と同様，取締役全員の同意が書面やメールで得られれば，決議があったものとしてよい，とされている（370条）。

② 監督権限

　取締役会が会社の業務執行を決定し（362条2項1号），その決定に従って代表取締役が業務を執行する（363条1項1号）。取締役会は，代表取締役が決定に従っているかどうか監督する（362条2項2号）。

　取締役会が監督権限を有効かつ適切に行使するためには，代表取締役や業務担当取締役の職務執行および会社の状況などの情報を充分に知ることが必要である。そこで，代表取締役など業務を執行する取締役は，3か月に1回以上，業務の執行の状況を取締役会に報告しなければならない（363条2項）。

🎼 advanced ♪ **監督権限はどこまで及ぶか**

　取締役会の監督権限は，代表取締役の行為が法律に違反していないかどうかという適法性の観点のみならず，企業経営として適切・妥当かどうかという妥当性・合目的性の観点にも及ぶ。これは監査役の監査権限との対比で理解するとよい（☞1章4節2-1②）。取締役会は，経営の意思決定機関であり，適切・妥当な経営判断をすることが期待され，また，そのための監督権限も持っているからである。たとえば，複数ありうるビジネス上の選択肢のうち，おかしな一手を代表取締役が選択した場合には，取締役会としては362条2項3号により代表取締役を解職することができる。

　株主総会と取締役会の比較

　ここで，同じ会議体である株主総会と取締役会とを比較してみよう。

　両者はともに公開会社における必要的な意思決定機関であるが，その根本的な相違点として，次の①②が考えられる。これを反映して，以下のような派生的相違点が生ずる。

	株主総会	取締役会
①両者の権限の側面 （所有と経営の分離）	会社の基本的事項の意思決定	業務執行の意思決定
②機関を構成する者の会社との関係の側面	会社の実質的所有者たる株主（→自らの利益のため議決権行使できる）	経営の専門家として経営を委託された取締役（→会社の利益のために議決権を行使しなければならない）

【1】 招　集

　取締役会の招集手続は，同じ会議体である公開会社の株主総会に比べて簡略化されている。

	招集権者	招集通知の時期	招集通知の方法	招集通知の記載
株主総会 （公開会社）	取締役会設置会社では，取締役会が決定し（298条4項），代表取締役が招集（296条3項）	会日の2週間前（299条1項）	書面（299条2項）または電磁的方法（299条3項，株主の承諾あるとき）	議題を示す必要あり（299条4項）
取締役会	原則として，構成員である各取締役（366条1項）	会日の1週間前，定款で短縮可（368条1項）	招集通知の方法に制限はなく書面に限らず口頭でもよい（299条2項と368条1項参照）	議題を示す必要なし（368条1項参照）

株主総会は，構成員である株主につき，その数が多い，世界中に散らばっている，会社の実情を知らない，などの特性がある。そこで，会社の実質的所有者である株主に株主総会への出席の機会と準備の期間を十分に与える必要がある。しかも，株主の出席・議決権行使は権利であって義務ではない。そのために，招集手続が慎重・厳格になっている。

他方，取締役会は経営を委任（330条）されたプロフェッショナルの集団である。経営のプロとして機動的に経営判断を行うべきであるし，また取締役各人は取締役会に出席する義務があり，業務全般について議題となることを当然予想しておくべきである。そのため招集手続は簡単になっている。

【2】決　議

	議決権	特別利害関係人	議決権行使・決議方法
株主総会	1株（1単元）1議決権（308条1項）	決議に参加できる（831条1項3号）	・議決権の代理行使（310条）可能 ・書面投票制度（311条）あり ・電子投票制度（312条）あり
取締役会	1人1議決権（369条1項）	決議に参加できない（369条2項）	自ら出席して議決権を行使するのが原則

株主総会は，株主が会社所有者として行動する重要な場である。他方取締役会は，経営を任された取締役が集まり，会社の業務執行についての意思決定を行う場である。そこで，議決権や決議方法に関しても，株主総会と取締役会でいくつかの相違がある。

株主は，所有する株式1株につき1個の議決権を有するのが原則である（1株1議決権の原則，308条1項）。これに対し，取締役には1人あたり1個の議決権が認められる。取締役は個人的な能力や見識を信頼されて，平等な立場で経営を委託された者なので，各人の意思は対等に尊重される必要があるからである。

また，取締役会においては，ある決議について個人的利害関係を有する取締役は決議に加わることができない（369条2項）。株主の場合は自らの利益

のために議決権を行使するが，取締役は常に会社の利益のために働かなければならないからである。

株主総会では，議決権の代理行使や書面投票制度・電子投票制度などが認められている。取締役会では，各取締役自らが直接取締役会に出席し，議決権を行使するのが原則である。取締役会で大事なことは，実際に話し合い，考えて結論を出すことだからである。

5　代表取締役

【1】代表取締役とは

取締役会は取締役をメンバーとする意思決定機関（会議体）なので，取引相手と話し合うとか，契約書にサインをするなどの行為はできない。そこで，代表取締役が必要になる。

代表取締役は，取締役の中から取締役会が選定（362条2項3号3項）する，会社の業務執行を行い（363条1項1号）対外的に会社を代表する（349条4項）機関である。

代表取締役は，執行機関として内部的および対外的な業務執行にあたる。すなわち，株主総会または取締役会の決議をそのまま執行するほか，取締役会から委ねられた範囲内において，自ら決定しかつ執行する。

ただし，362条4項が「重要な財産の処分及び譲受け」などは取締役会の専決事項であることを明定している以上，重要な業務執行の決定については代表取締役に委任できない（指名委員会等設置会社との違いとして重要である。☞1章5節）。

> **♪advanced♪　業務執行の意思決定を代表取締役に委任できるか**
> 362条4項の反面，重要ではない業務執行の意思決定は，代表取締役に委任できる。特に，会議体である取締役会を常時開催しつづけることは不可能であるから，会社の合理的運営のためには，日常的・細目的事項の決定は代表取締役に委任されている，と解されている。

そして，代表取締役は内部的のみならず対外的な業務執行も行うため，会社の代表権を有する。つまり代表取締役の行為は会社の行為そのものとされ，その行為の効果は当然に会社に帰属するのである。

♪ advanced ♪ **取締役会非設置会社の場合**

取締役会非設置会社では，取締役が複数いる場合でも，各取締役が会社を代表する権限を有するのが原則である（349条2項）。代表取締役を任意におくことができるが，その場合には，定款，定款の定めに基づく取締役の互選または株主総会の決議によって，取締役の中から代表取締役を定める（349条3項）。

【2】選定・終任

① 選定

取締役会が，取締役の中から代表取締役を選定する（362条2項3号3項）。人数には制限がなく，1人でも数人でもよい。

なお，会社は定款で社長・副社長・専務等を置き，これらを代表取締役とすることが多いが，社長・副社長・専務等はサラリーマンの上下関係を示す会社内部の職階制にすぎず，社長や副社長であっても取締役会による選定がない限り代表権はない（ただし表見代表取締役，☞1章3節5-4）。代表権の有無は，会社法の規定によって決まる。

② 終任

代表取締役は取締役であることが前提なので（362条3項），取締役の地位を失えば，当然に代表取締役でもなくなる。

逆に，取締役でありながら代表取締役の地位を失うことはある。具体的には，代表取締役を辞任した場合，代表取締役の任期が満了した場合，代表取締役を解職された場合である。

【3】代表取締役の権限

　代表取締役の代表権は，包括的・不可制限的な権限である。これを分かりやすく言うと，あの件については代表できるけどこの件についてはダメとか，10億円以内の取引についてだけ代表できるとか，そういう権限ではない，ということである。

　会社と取引を行うとき，代表取締役は登記によって公示されるので（911条3項14号），誰が代表取締役かは登記を見ればすぐ分かる。代表権が包括的・不可制限的な権限なので，取引の相手方としては代表取締役であることさえ確認できれば安心して取引できるわけである。

①　代表権の範囲

　代表取締役の代表権の範囲は，会社の業務に関する一切の裁判上または裁判外の行為をする権限に及ぶ包括的なものである（349条4項）。会社の業務に関してあらゆることができるわけである。

　そして，代表権の範囲，つまり会社の業務に関する行為かどうかは，客観的に判断される。たとえば，会社を代表しての銀行からの資金借入れは，それだけですでに業務に関するものと見てよい。それが実は，自分の住宅ローンの返済に充てるつもりで借金をしたとしてもである。取引の安全のためである。外部から容易に分からない代表取締役の内心の事情によって，代表権があったりなかったりすることになったのでは，相手方としてはたまったものではないだろう。

♪advanced♪　内心を相手方が知っていた場合も有効か

　先の住宅ローンのケースで，銀行側がその事情を知っていたときはどうだろうか。原則論からすれば代表権はあることになり，取引の効果は原則として会社に帰属する（つまり会社の借金となる）。しかしそもそも，取引相手を保護するためにあえて内心を問わないといっているだけであり，このような場合にまで会社を犠牲にして取引相手を保護する必要はない。そこで，相手方が代表取締役の真意を知っていたような場合には会社に効果は帰属しないという結論になる（民法107条参照）。

---

② 代表権の内部的制限

取引金額10億円以内，などと代表権の範囲を内部的に制限しても，そんなことを知らない（善意）第三者には制限を主張（対抗）できない（349条5項）。その意味で，代表権は不可制限的といわれる。

349条5項は，会社の内部事情などは取引の相手方には分からないことなので，そのせいで予想外の損害を被らないようにするための規定である。

制限の例として，①一定地域の事業（東京都だけ）に代表権を限定したり，②一定の金額を超える取引について取締役会の承認を必要とする，などがある。

【4】表見代表取締役

① 表見代表取締役とは

社長，副社長などの肩書きはよく聞く。これだけを見れば誰しもその会社を代表する人だと思うだろう。実際には代表権を有していないにもかかわらずこのような名称を与えられた取締役を，表見代表取締役という。「表見」とは，取引相手（第三者）から見て代表取締役らしい外観を有しているという意味である。

平取締役が取引相手と契約を結んだとしても代表権はないから，それは会社の行為ではない。しかし，その平取締役が日頃会社の中で社長と呼ばれ，取引相手（第三者）からすれば，会社を代表する権限を有すると見られるような外観を有していた場合はどうか。代表権を有するかのような外観があることについて会社に原因（帰責事由）があり，そのような外観を信ずるのがもっともだという場合であれば，取引相手を保護すべきであろう。表見代表取締役の規定（354条）は，外観の存在について会社に帰責事由がある場合に，外観を信頼した第三者を保護するための規定である。

② 要 件

　表見代表取締役の行為として会社が責任を負う354条適用のためには次の要件が必要である。

　　i 　外観の存在：代表権限を有すると認めるべき名称

　　ii 　外観への与因（帰責事由）：会社が名称使用を明示・黙示に認めた

　　iii 　外観への信頼：善意＋無重過失（判例）

③ 外観の存在

　まず，真実らしい外観の存在が必要である。社長，副社長などの代表者らしき肩書きのことである。

④ 外観への与因（帰責事由）

　iの外観を会社が与えたという原因があることである。法律は「名称を付した場合には」と表現している。平取締役が勝手に社長と名乗っただけではあてはまらない。会社が不利益を受けるには，会社側に不利益を受けても仕方がないという落ち度，つまり外観の存在に原因を与えたことが必要である。ただし，勝手に名乗っているのを知りつつ黙認していた，という場合でもよい。

⑤　外観への信頼

　表見代表取締役の規定の目的は，ⅰの外観に対する第三者の信頼（「善意の第三者」）を保護することにある。

善　意	ある事実を知らないこと
悪　意	ある事実を知っていること

　第三者が保護されるには，「善意」でなければならない。法律用語としての「善意」とは，単にある事実を知らないことを意味する。善意の反対を「悪意」といい，ある一定の事実を知っていることを意味する。

　354条の「善意」とは，代表権のないことを知らないことをいう。取引の相手（第三者）が，代表権がない平取締役であることを知っていれば，特に会社の責任を問う必要はない。

　さらに，重過失がないことが必要とされている。重過失とは，注意を著しく怠ることをいう。わずかな注意を払えば，容易に代表権がないことを知りえたような場合である。そんなうかつな者を保護する必要はないだろう。したがって，第三者は善意かつ無重過失であることを要することになる（判例）。

〈効率と適正のバランス〉

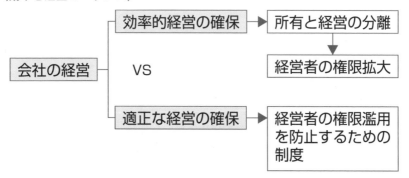

　株式会社は，効率的経営のため所有と経営を分離させている（☞1章1節5）。その結果，経営者の権限が拡大強化する。もしその権限が濫用されれば，株主・会社債権者など会社にかかわる不特定多数の者の利益が害されることになる。それゆえ，会社の経営には効率的な経営の確保だけでなく，適正な経営の確保も必要となる。特に，公開・大会社ではその要請が強く働く。

　そこで，会社法では適正な会社の経営を確保するさまざまな工夫がなされている。

1　会社と取締役の利益衝突の防止

　取締役は会社に対して善管注意義務（330条・民法644条）・忠実義務（355条）を負う（☞1章3節2-2）。それに違反すれば損害賠償責任を負うことになる（423条1項）。しかし，取締役の権限が強大なことを考えると，このような一般的な規定だけでは，会社と取締役の利益衝突の防止として十分ではない。そこで，危険の大きい3つの行為について特別の規定がある。

【1】 競業取引の規制（競業避止義務）

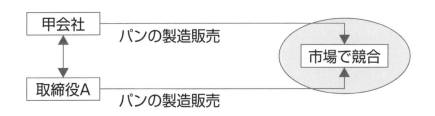

　たとえば，パンの製造販売を行う甲会社の取締役Aが，自ら甲会社の事業と同じパンの製造販売を行うことを競業取引という。

　取締役は，強大な権限を有し事業の機密にも通じている。もし競業取引を自由にできるとすれば，会社の取引先を奪う，秘密の製法を使うなどの危険が大きい。そこで，取締役が競業取引を行うには事前にその取引について重要な事実を開示して，株主総会（または取締役会）の承認を得なければならない（356条1項1号，365条1項）とした。

【2】 利益相反取引の規制

　取締役と会社が取引をするとしよう。この場合，取締役が自ら会社を代表すれば，たった一人でどんな取引も合意できるし，仮に他の取締役が会社を代表したとしても容易に結託できるであろう（ex.甲会社の取締役Aが，自分の土地を工場用地として甲会社に不当に高く買ってもらう）。そこで，このような場合にもまた，株主総会（または取締役会）の事前の承認が必要となっている（356条1項2号，365条1項）。

　そして，取締役と会社間の取引（直接取引）のみならず，会社と第三者間の取引でも，利益が衝突する限り同様である（間接取引，356条1項3号）。

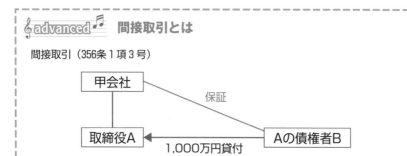

advanced♪ 間接取引とは

間接取引（356条1項3号）

間接取引とは，たとえば上記の図のように甲会社が取締役Aの債務を債権者Bに対して保証する等，会社・第三者間の取引で会社・取締役間の利害が相反する取引をいう。会社・第三者間の取引であるが，そこに会社・取締役間の利害が衝突している。なぜなら，取締役Aが返済しなければ，会社が弁済し，最終的には会社が取締役に求償することになる。これは実質的に会社が取締役Aに直接金銭を貸与するのと同じである。

【3】取締役の報酬決定の規制（361条）

　株主総会で取締役として選任（329条）された者は，会社と委任契約（330条）を締結することで，取締役の地位に就く。この契約を任用契約というが，取締役の報酬の決定は，本来，任用契約締結の一環，すなわち業務執行行為として取締役または取締役会の権限に属するはずである。しかし，それでは会社の利益を犠牲にして自分の報酬を自分の好きなように高く決めるという，いわゆるお手盛りの危険が生ずる。

　そこで，お手盛りの危険を防止し会社の利益を保護するために設けられたのが361条である。たとえば，年俸として額が確定している報酬の場合（361条1項1号），その額が定款で定められていないときは，その額を株主総会の決議によって定めなければならない（361条1項柱書）。

> ♪advanced♪ **株主総会における説明義務**
>
> 　令和元年会社法改正により，報酬等のうち額が確定している場合（361条1項柱書1号）も，当該報酬等の額を定め，またはこれを改定する議案を株主総会に提出した取締役は，当該報酬等の額を相当とする理由を説明する義務が課された（361条4項）。
>
> 　この点，令和元年改正前は，報酬等が不確定な金額で与えられる場合（令和元年改正前361条1項2号），または，金銭以外のもので与えられる場合（令和元年改正前361条1項3号）のみ，説明義務が課されていた。
>
> 　令和元年会社法改正により説明義務の範囲が拡大したのは，近年では，取締役に報酬等を確定額・不確定額，金銭・非金銭を組み合わせて付与することが多く，確定額である金銭の報酬等の額が株主総会に示されただけでは，そのような報酬を定めることの必要性と合理性を株主が適切に判断できないからである。

◀2▶　経営の監視機構

【1】　監査役

①　監査役の必要性

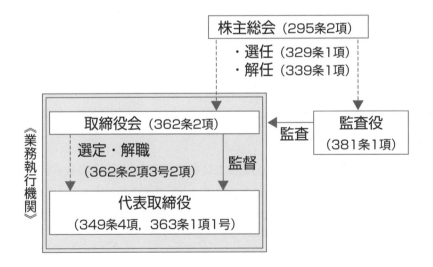

監査役とは，取締役の職務の執行を監査する機関である（381条1項前段）。取締役会設置会社では，監査等委員会設置会社および指名委員会等設置会社でない限り，監査役の設置が強制される（327条2項本文）。取締役会設置会社では，会社の経営が株主の手を離れて取締役会に委ねられるので（362条），所有者である株主は自分達の利益を守るため取締役の職務執行が適切に行われているかを監督することが必要となる。しかし，株主の監督だけでは十分ではない。また，取締役会の監督権限も取締役間の馴れ合い等の理由で十分に機能しないおそれがある。

　そこで，取締役会設置会社，特に公開会社（☞なお，1章4節2-1②🎼advanced🎵）では監査役制度を設けて，監査役に取締役の職務執行の監査にあたらせることにした（327条1項1号2項本文，381条1項前段）。

🎼advanced🎵　監査役のポイント

　監査役の問題は，監査役単独で問われるより，取締役との比較で問われることが多い。公開会社（→取締役会設置会社→監査役設置会社）における（ⅰ）監査役の必要性（取締役の職務の適正確保）と，（ⅱ）監査役の独立性が問題を考える際のポイントである。同じ監視機能を持つ取締役会との権限関係も注意すること。

　なお，監査役の「監査」と取締役会の「監督」がどう違うかというと，監督は野球の監督と同じで監督に従わなければ，代表取締役を首にできる（＝解職。362条2項3号）が，監査は株主総会から委託され取締役が法令に反する行為をしていないかを監視するのがその役割である。取締役が法令に違反していても，監査役が取締役を首にはできない。監査役は，株主総会に監査報告という形で報告し，株主総会が取締役を解任する（339条1項）ことになる。

---

② 　監査役の権限

　監査役は，取締役の職務執行の監査にあたる機関である（381条1項）から，その職務と権限は，会計監査（436条1項）を含む業務監査全般に及ぶ。

　ところで，取締役会にも取締役の職務執行を監督する権限がある（362条2項2号）が，どのような違いがあるのだろうか。

取締役会の監督権 ⎰ 妥当性
⎱ 適法性
監査役の業務監査権：適法性

　取締役会の監督権と監査役の業務監査権との違いは，前者が業務執行の妥当性（つまり利益追求方法として妥当か）の判断にまで及ぶのに対し，監査役の権限は業務執行の適法性（つまり法令・定款違反の有無）の判断に限られる点にある（通説）。

　なぜなら，本来業務執行の決定権を有し，責任を負うのは取締役会であって，監査役は，業務の妥当性に責任を負う立場にはない。監査役に妥当性の監査の権限まで認めると，監査役の意見と取締役会の意見が一致しないと，効率的な業務執行を妨げるおそれがある。しかも，監査役が業務の複数選択の余地のある妥当性の判断にまで介入したのでは，独立公正な監査が期待できなくなるからである。

🎼advanced♪　非公開会社の特例

　街のおとうふ屋さんの場合である。このような会社では，家族全員（株主総会）でお父さん（取締役）を見張ることができる。そこで，定款で，監査役の権限の範囲を会計監査に限定することができる（389条1項）とした。

　また，監査役を置いた場合でも，監査役の権限を会計監査に限定することができるため（389条1項），それとのバランスをとる必要がある。そこで，取締役会設置会社が非公開会社である場合には，資格が会計の専門家に限定されている会計参与（333条1項☞1章4節4）を設置すれば，監査役の設置を免れることができることになっている（327条2項ただし書）。

　これに対して公開会社に例外が認められないのは，監査役が株主の代わりに取締役の業務の執行を監査することが予定されているからである。

---

③　具体的権限

　監査役が業務監査権限を有効に発揮するために，さまざまな具体的権限が与えられている。経営について十分な情報を得るための各種調査権，取締役

の違法行為を阻止するための是正権限，株主への報告権限である。

i 調査権限	①	事業報告請求権・業務財産調査権（381条2項）
	②	子会社調査権（381条3項）
	③	取締役の報告を受ける権利（357条1項）
ii 是正権限	④	取締役会への出席・意見陳述権限（義務）（383条1項）
	⑤	取締役（会）への報告義務（382条）
	⑥	取締役会招集請求権（383条2項）・招集権（383条3項）
	⑦	取締役の違法行為差止請求権（385条1項）
	⑧	監査役設置会社・取締役間の訴訟代表権（386条）
	⑨	各種訴訟提起権（828条，831条等）
iii 報告権限	⑩	監査報告の作成（381条1項）
	⑪	株主総会提出書類の調査・意見報告権限（義務）（384条）

④ 監査役の地位の独立性

　監査役が取締役の支配下にあったのでは，有効な監査は期待できない。その任務を果たすために最も重要なのは，監査役の地位の独立性，すなわち，監査役が監査される取締役から独立した地位を有することである。

　そこで，会社法は監査役の地位の独立性の確保に配慮している。

🎼advanced♪　監査役は独立している

　監査役は，複数の監査役が存在する場合でも，他の監査役に拘束されず，単独で権限の行使ができる（独任制の機関：1人1人の監査役が独立した会社の機関であることをいう）。利益追求手段として妥当かという業務執行の妥当性に関する判断と異なり，適法・違法の判断は，多数決で決着をつける問題ではないからである。

i　兼任の禁止

　監査する者と監査される者とが同一人であっては，監査役の独立性が損なわれ，監査が無意味となる。そこで，監査役の独立性を確保するために取締役，使用人等との兼任が禁止されている（335条2項）。

ii　監査役の選任に関する監査役の同意権等・選任等についての意見陳述権

　監査役の選任・解任は，株主総会の権限である（329条1項，339条1項）。しかし，その議案そのものは取締役会の決議で決定される。その結果，監査役の独立性が脅かさ

れる危険があり，代表取締役の圧力で監査役が辞任する（これは事実上の解任である）危険がある。そこで，監査役の選任に関する監査役の同意権等（343条）や意見陳述権（345条4項）が認められている。

　また，監査役の選任は普通決議事項である（329条1項，341条，309条1項）のに対し，解任決議は特別決議事項とされている（339条1項，309条2項7号）。監査役の地位の独立性を強化するためである。

iii　監査役の任期

　原則4年とされている（336条1項）。取締役（2年）よりも長期の任期を保障することによって，監査役の地位の独立性を確保する趣旨である。

iv　報酬

　もし報酬を取締役が決めるとしたら，取締役による監査役に対する強力な支配となろう。そこで，監査役の報酬等は，取締役の報酬等とは別に定め（387条1項），個々の監査役の報酬等は，監査役の協議で決められる（387条2項）。監査役は，株主総会において，監査役の報酬等について意見を述べることができる（387条3項）。

【2】　監査役会

　監査等委員会設置会社および指名委員会等設置会社を除く公開会社で大会社である会社は，監査役全員で組織する監査役会を置かなければならない（328条1項）。各監査役の役割分担と情報の共有化を通して，組織的効率的監査をするためである（☞1章1節4-4）。つまり，監査の仕組みとして監査役会という組織体を設ける方が，監査役単独の監査よりも取締役会に対する影響力が強くなるとの考えに基づく制度である。みんなで分担して共同するほうが確実であろう，ということである。

　監査役会はすべての監査役で組織する（390条1項）。そして監査役会設置会社では，監査役は3人以上でかつ会社の仲間内での馴れ合いを防止するため，その半数以上は社外監査役（2条16号）でなければならない（335条3項）。

　監査役会は①監査報告の作成，②常勤の監査役の選定および解職，③監査の方針，調査の方法などに関する事項を決定する（390条2項各号）が，③の決定は監査役の権限の行使を妨げることはできない（390条2項ただし

書＝独任制）。これは，監査の実効性を高めるために監査役会制度を設けたが，その結果，多数決原理が支配し（393条1項），違法行為を是正するための業務監査権の行使の是非が多数決で決められたのでは適正な会社経営の確保という観点からは問題がある。監査役会制度を採りつつも監査役の独任制の側面は残す必要がある。390条2項ただし書は，多数決によって監査のやり方が決められないよう配慮するものである。

【3】 会計監査人

会計監査人は，独立した職業的専門家の立場から計算書類等（435条参照）の監査（会計監査）を行い，その適正さを図ることを役割としている（396条1項）。そのため，会計監査人になれるのは，会計のプロである公認会計士または監査法人に限られる（337条1項）。

ここで，なぜ大会社（2条6号）では会計監査人の設置が強制される（328条1項2項）のかを押さえる必要がある。それは，会社の規模が大きくなれば企業会計が複雑となり，それを明らかにするには会計専門家を必要とするからである。しかも大会社は多数の利害関係人を有し，計算書類の適正を確保する必要が特に大きいからである（☞1章1節4-2）。

会計監査人については，経営陣からの独立性を確保する必要がある。そのため，監査役設置会社においては，株主総会に提出する会計監査人の選任・解任・会計監査人を再任しないことに関する議案の内容は，監査役が決定する（344条1項）。また，会計監査人の報酬等の決定を通じて，経営陣からの独立性が害されるのを防止するため，会計監査人の報酬等の決定には監査役の同意が必要とされている（399条1項）。

♪advanced♪ 会計監査人の独立性と平成26年会社法改正

会計監査人は，役員と同様，株主総会で選任・解任される（329条1項，339条1項）。そして，株主総会の議案は，取締役（取締役会設置会社では取締役会）が決めるのが原則である（298条1項柱書4項）。

しかし，会計監査人による会計監査を受ける立場にある取締役・取締役会が誰を会計監査人にするかを決定するのは，会計監査人の経営陣からの独立性を確保する観点からするとおかしいだろう。

平成26年会社法改正前は，監査役設置会社においては，取締役が会計監査人の選任・解任・再任しないことに関する議案を株主総会に提出するには，会計監査人の独立性への配慮から監査役の同意が必要とされていた（改正前344条1項）。

この点につき，平成26年改正は，「監査役設置会社においては，株主総会に提出する会計監査人の選任及び解任並びに会計監査人を再任しないことに関する議案の内容は，監査役が決定する」とした（344条1項）。これは，平成26年改正前の委員会設置会社（＝改正後の指名委員会等設置会社）における監査委員会の権限（404条2項2号）と同一の権限を与えたものである。平成26年改正で創設された監査等委員会設置会社でも，会計監査人の選任・解任・会計監査人を再任しないことに関する議案の内容は，監査等委員会が決定する（399条の2第3項2号）。

なお，平成26年改正の立法過程において，会計監査人の報酬等の決定権も，監査役・監査委員会に与えるとの議論もなされたが，会計監査人の報酬等は株式会社の財務にかかわる経営判断と密接に関係することを踏まえ，取締役または取締役会がこれを決定するのが適切であるとして，399条については改正が行われなかった。

【4】会計参与

会計参与は，取締役と共同して企業会計に関する書類を作成する権限を有する機関である（374条1項）。会計参与はどんな会社でも置くことができる（326条2項）。ただし，会計参与になれるのは，公認会計士・監査法人・税理士・税理士法人に限られる（333条1項）。

会計参与が取締役の支配下にあったのでは制度の目的である計算書類の適正性を確保できないのは，監査役と同様である。そこで，株式会社・子会社の取締役等になることができない（333条3項1号）ことや報酬等（379条，380条）について，監査役に類似した規定が設けられている。

会計参与は，会社法で新たに設けられた機関である。大会社では，会計監査人の設置が強制されるため（328条），会計の専門家としての会計参与を設置する必要性は低い。立法担当者の説明によれば，会計参与に期待されるのは，会計参与という専門家が取締役と共同して計算書類を作成することから，中小会社の計算書類の適正性の担保というところにあるとされる（なお，327条2項ただし書参照）。

第5節 指名委員会等設置会社

1 指名委員会等設置会社とは

指名委員会等設置会社とは，指名委員会・監査委員会・報酬委員会の三委員会（＝指名委員会等）を置く株式会社をいう（2条12号）。従来は，委員会設置会社と呼ばれていたが，平成26年会社法改正で監査等委員会設置会社（2条11号の2，399条の2〜）が創設されたので，それと区別するため指名委員会等設置会社と名称が変わった。

指名委員会等設置会社では，取締役会（327条1項4号）と会計監査人（327条5項）が必要的機関として置かれる。業務を執行するのは執行役であり（418条），代表機関として代表執行役が置かれる（420条1項）。

指名委員会等設置会社では，監査役を置くことができない（327条4項）。業務を執行する執行役に対する監査・監督は，社外取締役が過半数を占める指名委員会等（特に監査委員会）と取締役会によって行われるからである。

指名委員会等設置会社は，取締役会の監督機能を徹底し，監督（取締役会）と執行（執行役）が分離されている（362条3項，363条⇔331条4項，415条）。

 指名委員会等設置会社のポイント

非公開・中小会社を含めすべての株式会社が指名委員会等設置会社になることができるが（326条2項☞1章1節4-1），公開会社である大会社は①監査役会設置会社，②監査等委員会設置会社，③指名委員会等設置会社のいずれかを選択しなければならない（328条1項☞1章1節4-4）。公開・大会社においては経営者の権限が強大となる反面，多数の株主が頻繁に変動し，各地に分散することから，株主による経営者に対する監視・監督が及びにくいからである。

考える視点として，指名委員会等設置会社の特色を押さえること。特色は一般に「監督と執行の分離」と言われるが，機関の権限分配を考える際の視点である効率的経営の確保と適正な経営の確保の観点から，次のように監査役（会）設置会社および監査等委員会設置会社と比較して，それぞれどこが違うのかを考えるとよい。

	監査役会設置会社	指名委員会等設置会社
業務執行の意思決定	取締役会	主に執行役
業務執行	代表取締役・業務執行取締役	代表執行役・執行役
業務執行に対する監査・監督	・取締役会 ・監査役会	・取締役会 ・指名委員会・監査委員会・報酬委員会
代表	代表取締役	代表執行役

　指名委員会等設置会社では，取締役会が執行役に業務執行の決定を大幅に委任することができる（416条４項本文☞１章５節２）。これに対し，監査役会設置会社では，重要な業務執行の決定は代表取締役に委任することができず，取締役会で慎重に決定しなければならない（専決事項，362条４項）。

2　効率的な経営の仕組み

　昭和40年，50年代の日本経済が右肩上がりの時代には，何もしなくても会社は儲かった。そのため，特に効率的な経営の仕組みが意識されることはなく，むしろ経営者の放漫経営や粉飾決算等を防止するために監査の強化（適正な経営の確保）が叫ばれた。

　しかし，バブル崩壊に伴い改めて効率的経営の仕組みが問題とされた。指名委員会等設置会社は，経営者である執行役に業務執行の決定を大幅に委ねることによって，効率的な経営を確保しようとする仕組みである。

　一般の取締役会設置会社とどこが違うかというと，指名委員会等設置会社以外の取締役会設置会社では，取締役会は重要な業務執行の決定を代表取締役に委任することができない（362条４項柱書）。そして重要な業務執行の決定を取締役会で行う場合，取締役会は会議体であるから，メンバーを招集し決議をするのに時間がかかることになる。

　これに対し，指名委員会等設置会社の取締役会は，明文で定める一定の例外を除いて（416条４項ただし書），業務執行の決定を大幅に執行役に委任することができる（416条４項本文）。指名委員会等設置会社における取締役会は，執行役に重要な財産の処分・譲受け，新株発行，社債の発行などの決定

を大幅に委任することができるのである（原則と例外の逆転　⇔　362条4項柱書，399条の13第4項参照）。

　執行役は，①取締役会の決議により委任された業務執行の決定をし，②会社の業務を執行する（418条）。これによって，機動的な業務執行の決定が可能となり，会社の弾力的かつ迅速な経営が可能となるわけである。

♪advanced♪　執行役の選任・解任をするのは誰か

　執行役の選任・解任は，取締役会の決議をもって行う（402条2項，403条1項）。指名委員会等設置会社では，業務執行の決定権限を執行役に大幅に委任することを認める代わりに，取締役会の監督権限を強化している。そして，かかる監督権限の実効性をあげるために，執行役の選任・解任権は取締役会の専決事項とされている（416条4項9号）。執行役が複数いる場合に会社を代表すべき代表執行役の選定・解職についても同様である（420条1項2項）。

　執行役の任期は，1年以内とされている（402条7項本文）。1年ごとの経営者としての業績を評価・検討するためである。

3　監督の仕組み

　取締役会から執行役に対する業務執行の意思決定権限の大幅な委任を認め，弾力的かつ迅速な業務執行を可能にするとすれば，その反面，業務執行に対する監視・監督機能を大幅に強化する必要がある。執行役に対する監視・監督は，3つの委員会（特に監査委員会）と取締役会によってなされる。

〔1〕取締役・取締役会

　指名委員会等設置会社では業務執行の決定は大幅に執行役に委任可能であるから（416条4項），取締役会の機能は監督が中心となる。経営の基本方針の決定（416条1項1号）や各委員会の委員の選定・解職（416条4項8号），執行役の選任・解任（416条4項9号），執行役等の職務の執行の監督（416条1項2号）等である。

【2】 委員会

　指名委員会等による監督の強化のポイントは，社外取締役が過半数を占める委員会の決定を最終的なものにする点である。

　日本の会社では，取締役等の役員はその会社に入社したサラリーマンが出世してなるのが通常であり，サラリーマンの階級の中で社長が常にトップにいるので，取締役会が代表取締役＝社長を監督する建前になっていても（362条2項），実際には代表取締役＝社長が取締役会をリードするのが現状であった。つまり，従来の会社では，実質的には取締役の人事・報酬の実権を握っている社長＝代表取締役の権限が強く，取締役会が代表取締役を監督できないとの弊害が指摘されてきた。

　指名委員会等設置会社では，取締役と執行役のコミュニケーションの円滑化を図ることを狙った妥協の産物として，取締役と執行役との兼任は禁止されていない（402条6項）。そのため，取締役選任・解任議案の決定を取締役会の権限とすると（298条1項2号4項），実際には代表執行役や執行役を兼任する社内取締役によって取締役選任・解任の議案の内容が決定されてしまい，従来型の会社と同様の弊害が生ずるおそれがある。

　そこで，会社のトップにも何ら気兼ねをすることがない社外取締役が過半数を占め，取締役会から一定の独立性を保つ指名委員会が取締役選任議案の内容を最終的に「決定」することにした（404条1項）。他の委員会の決定も同じである（404条2項2号，404条3項）。

　コントロールできない権限の付与は独裁となり危険きわまりない。指名委

員会等設置会社の制度は，役員人事権と報酬決定権を社長から社外取締役中心の委員会へ移動し，これを担保に，経営権限を大幅に執行役に委譲して経営の効率化を図ったのである。

監査等委員会設置会社の発想も同じである。監査等委員である取締役は3人以上で，その過半数を経営陣に遠慮なくものが言える社外取締役とすることで（331条6項），経営陣への監督を強化しようとするものである。ただ，指名委員会等設置会社と異なり，指名委員会，報酬委員会がない分だけ社外取締役による監督の強化が徹底されているわけではなく，監査等委員会設置会社は，監査役会設置会社と指名委員会等設置会社の間にある第三の制度といえる。

🎼advanced🎵 社外取締役

監査等委員会も指名委員会等（＝指名委員会，監査委員会，報酬委員会）も，それぞれ取締役3人以上で構成され，その過半数は社外取締役でなければならない（331条6項，400条1項3項）。

平成26年会社法改正は，社外取締役の社外要件を一方で厳格化し，他方で緩和した（2条15号）。

次の3点において，経営陣からの独立性を高めるため社外取締役の要件が厳格化された。経営陣に遠慮なくものが言える人の範囲を絞ったわけである。①株式会社の親会社等（自然人であるものに限る）または親会社等の取締役・執行役・支配人その他の使用人でないこと（2条15号ハ）。②兄弟会社の関係者として，株式会社の親会社等の子会社等（当該株式会社・その子会社を除く）の業務執行取締役・執行役・支配人その他の使用人でないこと（2条15号ニ）。③株式会社の取締役・執行役・支配人その他の重要な使用人または親会社等（自然人であるものに限る）の配偶者または2親等内の親族（∵親子の関係）でないこと（2条15号ホ）。

他方で，社外取締役の人材確保が難しいことから，過去の勤務要件を10年間と緩和した（2条15号イロ）。つまり，過去に当該株式会社・その子会社の業務執行取締役・執行役・支配人その他の使用人であっても，10年経過すれば社外取締役になることができることになった。

① 指名委員会

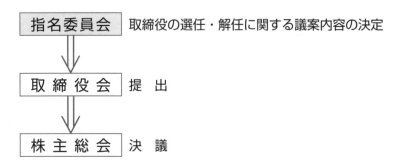

指名委員会は，取締役の選任・解任の議案の内容を決定する（404条1項）。指名委員会等設置会社であっても，取締役の選任・解任は株主総会の決議によってなされる（329条1項，339条1項）。そして，株主総会に提出する議案の内容は，原則として取締役会が決定する（298条1項2号4項）。しかし，取締役の候補者を経営者（執行役）が決定したのでは，取締役会の監督機能が充分に発揮されない。

そこで，取締役の候補者の公正を確保するために，社外取締役が過半数を占めることで経営者から独立しているはずの指名委員会に，取締役の選任・解任の議案の内容の決定権を委ねたのである。

② 監査委員会

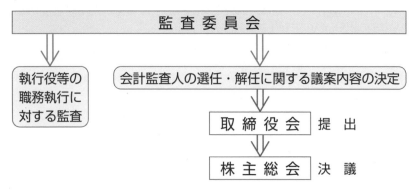

　監査委員会は，①取締役・執行役の職務の執行の監査，②株主総会に提出する会計監査人の選任・解任・再任に関する議案の内容の決定を行う（404条2項）。

　監査委員会を組織する監査委員については，資格要件が厳しい。社外取締役が過半数を占め（400条3項），かつ全員が当該会社・子会社の執行役などの業務を執行する者と兼任することはできない（400条4項）。業務担当者が監査委員を兼ねることになると，監査する者と監査される者が同一の者となり，監査が無意味となるからである。

♪advanced♪　妥当性監査

　通説によれば，監査役の監査権限（381条1項前段）は，適法性監査に限られる（☞1章4節2-1②）。

　これに対し，取締役会の監督は業務執行の適法性のみならず妥当性にも及ぶから，取締役会の内部機関である監査委員会の監査権限も適法性のみならず妥当性についても及ぶ。

　監査等委員会設置会社における監査等委員も，取締役会のメンバーであるから，監査等委員会の監査権限は妥当性にも及ぶ。

---

③　報酬委員会

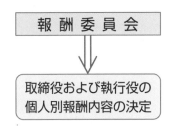

　報酬委員会は，取締役および執行役が受ける「個人別」の報酬の内容を決定する（404条3項，409条）。

♪advanced♪ 報酬委員会が取締役の報酬等を決定するのはお手盛りにならないか

指名委員会等設置会社以外の株式会社においては，取締役の報酬等はお手盛り防止の観点から，定款で定めていないときは株主総会の決議によって定める（361条☞1章4節1-3）。

取締役の報酬等を報酬委員会が決定することはお手盛りにならないのかという疑問が出よう（∵報酬委員会の委員＝取締役）。

しかし，指名委員会等設置会社の取締役は，業務を執行することができないから（415条），毎日会社に仕事をやりに来るわけではない。取締役会の招集や委員会のメンバーであれば委員会の招集がかかった時に会社に来ればよい。したがって，指名委員会等設置会社の取締役の報酬等は非常勤としての報酬等であるから，それほど高くない。また，報酬委員会は，報酬等の内容の決定に関する方針を定め，その方針にしたがって権限を行使しなければならず（409条1項2項），その方針は事業報告において開示される（435条2項，施行規則121条5号）から，心配するようなお手盛りの弊害が生ずるとはいえない。

報酬委員会制のねらいは，社外取締役が過半数を占める報酬委員会が，執行役の報酬等を決定することで，執行役に対する監督を強化する点にある。

第6節 監査等委員会設置会社

1 監査等委員会設置会社とは

監査等委員会設置会社とは，監査等委員会を置く株式会社をいう（2条11号の2）。監査等委員会は，監査等委員である取締役3人以上で構成され，その過半数は，社外取締役（☞1章5節3-2 ）でなければならない（331条6項，399条の2第1項2項）。

監査等委員会設置会社は，自ら業務執行をしない社外取締役を複数人置くことにより，取締役会の監督機能の充実を図るという観点から新設された制度であるから，取締役会の設置が義務づけられる（327条1項3号）。

会社の業務を執行するのは，取締役会が取締役（監査等委員である取締役を除く）の中から選定する代表取締役および業務執行取締役であり（363条1項），会社を代表するのは代表取締役である（399条の13第1項3号3項）。

監査等委員会は，代表取締役や他の取締役の職務の執行を監査する（399条の2第3項1号）。

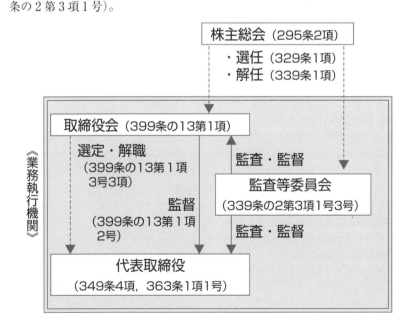

第1章 機関 ──株式会社の運営機構──

監査等委員会設置会社は，平成26年会社法改正（平成27年5月1日施行）で新しくできた制度である。施行当時，監査等委員会設置会社に移行する旨表明した上場会社は180社を超えていた。令和4年現在，上場会社約3,700社中約1,300社を超えている。これは，指名委員会等設置会社（＝平成26年改正前の委員会設置会社）が改正法施行当時約60社しかなく，令和4年でも約80社しかないのと比べると，びっくりするような数字である。

　なぜ，監査等委員会設置会社を選択した株式会社が多いのか。監査等委員会設置会社が，監査役（会）設置会社および指名委員会等設置会社と比較して，どこが違うのかを考えるとよいだろう。

🎼 advanced 🎵　なぜ，新しい機関設計が作られたか

　平成26年会社法改正の理由の一つに社外取締役による株式会社の経営に対する監査等の強化があげられており，その一環として，事業年度の末日において監査役会設置会社（公開会社であり，かつ，大会社であるものに限る）であって金融商品取引法24条1項の規定によりその発行する株式について有価証券報告書を内閣総理大臣に提出しなければならないものが社外取締役を置いていない場合には，取締役に対し，当該事業年度に関する定時株主総会において，社外取締役を置くことが相当でない理由の説明を義務づけた（令和元年改正前327条の2）。上場会社においては，社外取締役を原則的に設置すべきだとの方向性を示したものである。そして，令和元年会社法改正によって，前記会社に社外取締役の設置が義務づけられた（327条の2）。

　ただ，監査役会設置会社では，監査役は3人以上で，その半数以上は社外監査役であることが要求されており（335条），それに加えて社外取締役まで置くことというのはかなり無理を強いる感じもある。

　他方，指名委員会等設置会社に対しては，特に指名委員会（∵その会社と無縁の社外取締役が取締役の選任議案の内容を決定する）や報酬委員会（∵その会社と無縁の社外取締役が執行役等の報酬等を決定する）に抵抗感がある。企業の経営者の立場に立って考えてみれば，自分の会社に縁の薄い者が役員人事や役員報酬を決定するというのは，手かせ足かせをはめられたようで制約が強いとの抵抗感があろう。そのため，指名委員会等設置会社はあまり利用されてこなかった。

　監査等委員会設置会社は，社外取締役を活用しやすくする方策として，新たに創設された機関設計の制度である。

---

2 業務執行の仕組み

	監査役会設置会社	監査等委員会設置会社	指名委員会等設置会社
業務執行の意思決定	取締役会(362条2項1号4項)	・原則，取締役会(399条の13第4項) ・一定の要件のもとに重要な業務執行の決定を取締役に委任することができる(399条の13第5項6項)	主に執行役(416条4項，418条1号)
業務執行	代表取締役・業務執行取締役(363条1項)	代表取締役・業務執行取締役(363条1項)	代表執行役・執行役(418条2号)
業務執行に対する監査・監督	・取締役会(362条2項2号) ・監査役(会)(381条1項，390条2項)	・取締役会(399条の13第1項2号) ・監査等委員会(399条の2第3項1号)	・取締役会(416条1項2号) ・指名委員会・監査委員会・報酬委員会(404条)
代表	代表取締役(362条2項3号3項)	代表取締役(399条の13第1項3号3項)	代表執行役(420条)

　監査等委員会設置会社の取締役会は，取締役（監査等委員である取締役を除く）の中から代表取締役を選定しなければならない（399条の13第3項⇔362条3項）。監査等委員会設置会社は，監査・監督の仕組みとして，監査役会の代わりに3人以上の取締役（過半数は社外取締役）で構成される監査等委員会を設けたもので，業務執行の決定や執行に関しては監査役会設置会社と基本的には同じであるが，一定の要件のもとに重要な業務執行の決定を取締役に委任することができる点が異なる。

　まず，原則は，監査等委員会設置会社の取締役会は，重要な業務執行の決定を取締役に委任することができない（399条の13第4項⇔362条4項）。

　しかし，監査等委員会設置会社の取締役の過半数が社外取締役である場合（∵取締役会における取締役の過半数が社外取締役）には，取締役会は，そ

の決議によって，例外とされているものを除いて，重要な業務執行の決定を取締役に委任することができる（399条の13第5項）。

　また，例外とされているものを除いて，取締役会の決議によって重要な業務執行の全部または一部の決定を取締役に委任することができる旨を定款で定めることができる（399条の13第6項）。

🎼 advanced 🎵　監査等委員会設置会社は魅力的か

　監査等委員会設置会社の取締役の過半数が社外取締役である場合には，取締役会は，重要な業務執行の決定を取締役に委任することができる（399条の13第5項）。これは，取締役の過半数が社外取締役である場合には，取締役会の監督機能がかなり充実しているし，社外取締役をはじめとする経営を監督するものが業務執行の決定に逐一関与するよりも，監督に専念することができるようにするのが望ましいと判断されたからである。

　さらに，株主が望めば，その意思を尊重してもよいとの判断から，取締役の過半数が社外取締役でなくても，定款で定めれば，取締役会の決議によって重要な業務執行の全部または一部の決定を取締役に委任することができる（399条の13第6項）。

　監査等委員会設置会社は，一方で，監査役会設置会社と同様に取締役会が重要な業務執行の決定を慎重に行うことも（399条の13第4項），他方で，一定の要件の下に指名委員会等設置会社と同様に取締役会が業務執行の決定を取締役に委任することで迅速な経営を実現することもできる（399条の13第5項6項）。監査等委員会設置会社は，会社の選択の余地が広いといえる。

　さらに，監査等委員会設置会社では，指名委員会等設置会社における指名委員会や報酬委員会のような経営者に対する手かせ足かせもはずされた。そして，社外取締役の人材確保が難しいことから，平成26年会社法改正は，社外取締役の要件を緩和し，過去に当該株式会社・その子会社の業務執行取締役・執行役・支配人その他の使用人であっても，10年経過すれば社外取締役になることができることになった（2条15号☞1章5節3-2 🎼 advanced 🎵 ）。

　これらの改正点を見れば，経営者にとって監査等委員会設置会社は魅力的な制度と判断されたから，監査等委員会設置会社に移行を表明した上場会社が多いのであろう。なお，東京証券取引所における令和4年現在の機関設計の選択状況は，全上場会社（約3,700社）のうち，指名委員会等設置会社が約80社，監査等委員会設置会社が約1,300社，監査役会設置会社が約2,200社である。

3 監督の仕組み

〔1〕組織・権限

監査役会設置会社における監査役会が経営者から独立した監査役3人以上（半数以上は社外監査役）で構成される（335条3項）のに対し，監査等委員会設置会社における監査等委員会は3人以上の監査等委員である取締役（過半数は社外取締役）で構成される（331条6項）。

監査等委員会の構成は，指名委員会等設置会社の三委員会の構成（400条1項3項）と同じで，社外取締役（2条15号）がメンバーの過半数を占めることが要求されている。

過半数が社外取締役で構成される委員会であれば，その会社の経営者のトップにも遠慮なくものを言うことができる。監査等委員会設置会社は，経営者から影響を受けない社外取締役によって，経営者に対する監査・監督を強化しようとする制度である。

♪advanced♪ 監査「等」委員会設置会社と呼ばれる理由は

監査等委員会は，指名委員会等設置会社の監査委員会の権限（404条2項1号）と同じ監査権限を有するが（399条の2第3項1号），それに加え，＋αの監督権限を有している。

それは，①監査等委員以外の取締役の選任等についての意見の決定・陳述（342条の2第4項，399条の2第3項3号），および②監査等委員以外の取締役の報酬等についての意見の決定・陳述（361条6項，399条の2第3項3号）を通じて監督機能を有する点である。

指名委員会等設置会社の指名委員会（404条1項）や報酬委員会の権限（404条3項）には及ばないが，社外取締役が過半数を占める監査等委員会による経営評価を会社の経営に反映させようとするものである。

権限が監査だけに限られないので，監査「等」委員会と呼ばれるのである。

【2】 監査等委員の独立性

	監査役（会）設置会社	監査等委員会設置会社	指名委員会等設置会社
取締役の選任・解任の議案の内容の決定	取締役会（298条1項2号4項）	取締役会（298条1項2号4項） ただし，監査等委員である取締役の選任に関する議案については監査等委員会の同意が必要（344条の2第1項）	指名委員会（404条1項）
取締役の報酬等の決定	定款または株主総会（361条）	定款または株主総会ただし，監査等委員である取締役とその他の取締役を区別して行う（361条2項）	報酬委員会（404条3項）
業務執行の監査	監査役（381条1項，390条2項ただし書）	監査等委員会（399条の2第3項1号）	監査委員会（404条2項1号）

① 監査等委員である取締役の選任・解任

　監査等委員である取締役の選任・解任に関しては，監査・監督の対象である経営陣からの監査等委員の独立性を確保するために特別の規定が置かれている。監査等委員会設置会社には，指名委員会（404条1項）を欠くことから，監査役の独立性を確保するための監査役の選任・解任に関する規定と同様の内容である（☞1章4節2-1④ ♪advanced♪）。

　監査等委員である取締役は，監査役会設置会社における監査役と同様に，株主総会決議によって選任する。そして，監査等委員会設置会社においては，株主総会における取締役の選任は，監査等委員である取締役とそれ以外の取締役とを区別してしなければならない（329条2項）。取締役の選任の議案の内容は，本来なら，取締役会が決定するが（298条1項2号4項），監査・監督の対象である経営陣からの独立を図る必要がある。そこで，監査等委員である取締役の選任に関する議案を株主総会に提出するには，監査等委員会の同意を得なければならない（344条の2第1項⇔343条1項）。

また，監査等委員会は，取締役に対し，監査等委員である取締役の選任を株主総会の目的とすること，または監査等委員である取締役の選任に関する議案を株主総会に提出することを請求することができる（344条の2第2項⇔343条2項）。監査等委員である取締役は，株主総会において，監査等委員である取締役の選任・解任・辞任について意見を述べることができる（342条の2第1項⇔345条4項）。

そして，取締役の解任は普通決議事項であるのに対し（339条，341条），監査等委員である取締役の解任は，監査役の解任と同じく特別決議事項とされている（344条の2第3項，309条2項7号）。監査等委員の経営陣からの独立性を強化するためである。

②　監査等委員である取締役の報酬等

指名委員会等設置会社以外の株式会社においては，取締役の報酬等はお手盛り防止の観点から，定款で定めていないときは株主総会の決議によって定める（361条）。

監査等委員会設置会社でも，監査等委員である取締役の報酬等は定款で定めていないときは，株主総会の決議によって定めるが（361条1項），監査役の報酬等（387条）と同様に経営陣からの独立性を図るための規定が置かれている。

つまり，監査等委員会設置会社では，取締役の報酬等は，報酬等の決定を通じた経営者の圧力で，監査等委員の経営者からの独立性が損なわれるのを防止するため，監査等委員である取締役とそれ以外の取締役とを区別して定めなければならない（361条2項⇔387条1項）。そして，監査等委員である各取締役の報酬等について定款の定めまたは株主総会の決議がないときは，当該報酬等は，報酬等の範囲内において，監査等委員である取締役の協議によって定める（361条3項⇔387条2項）。監査等委員である取締役は，株主総会において，監査等委員である取締役の報酬等について意見を述べることができる（361条5項⇔387条3項）。

会社法は取締役会（☞1章3節3），監査役（☞1章4節2-1），委員会（☞1章5節）等の制度によって，経営陣が権限を濫用しないよう監視体制を設けている。

しかし，監視体制も完全ではない。役員相互の馴れ合いから，監視が有効に働かないこともある。

そこで，経営者の権限濫用すなわち違法行為を抑止するために，特に危険な行為については356条・361条等の特別の規定を設け（☞1章4節1），さらに，違法行為があった場合には，次に見るように厳格な責任を課している。取締役が会社・第三者に厳格な責任を負うことによって，違法行為を抑止し，適正な経営を確保しようというのである。

1 会社に対する責任

〔1〕 一般原則

たとえば，取締役が無責任な放漫経営をして，会社が莫大な損害をこうむったとしよう。株主から信頼されプロフェッショナルとして経営を任されていた者として，その任務を怠った（＝任務懈怠）といえる。そこで，善管注意義務（330条，402条3項，民法644条）を怠り（☞1章3節2-2）会社との委任契約（取締役として経営を任せる契約）に違反したことになり，会社に対して損害賠償責任を負う（423条1項）。

委任契約違反の責任なら，民法の契約違反の責任（＝債務不履行責任。民法415条）で足りるはずだが，取締役の任務には法律上当然に生ずる場合もある。そこで，法令上の任務に違反したときも損害賠償責任が生ずるのを明確にするため423条1項が設けられている。

さらに，次のように民法の債務不履行責任とは異なった特則が設けられている。

【2】 責任強化のための特則

	原則（423条1項）	特　則
任務違反	会社が立証	推定される場合あり（423条3項）
損害の発生	会社が立証	推定される場合あり（423条2項）
帰責事由	取締役の側で帰責事由がないことを立証	帰責事由がなくても責任を負う場合あり（428条1項）

　会社が取締役に対して損害賠償を請求するには、①任務懈怠があったこと、②任務懈怠により、会社に損害が生じたことを、会社の側で主張・立証（＝裁判で証拠により裁判官に確からしいと納得させる）しなければならない。これが、原則である。

　そして、その立証が成功すると、取締役の側で、任務懈怠について、自分に責めに帰すべき事由（＝帰責事由）がなかったことを主張・立証しない限り、会社に対して損害賠償責任を負わなければならない。

　これは、民法の契約違反の責任、つまり債務不履行責任（民法415条1項）を追及する場合と同様である。

　しかし、実際には、会社の側の立証が難しく、責任のある取締役が責任を免れる結果となる。それでは、会社ひいては株主の利益が害されてしまう。そこで、会社法は、会社側の立証を容易にするための**推定規定**（423条2項3項）や取締役が自己に帰責事由がないことを主張・立証しても免責されない（428条）という特則を設けている。

♪advanced♪　推定とは？

　「推定する」とは、法律上仮にそう取り扱うが、反証が出ると、その取扱いを改め、事実に従った取扱いをすることを意味する。取締役の責任について、推定規定がある場合には、取締役の側でそうでないことを立証しなければならない。

　似た規定に「みなす」という場合がある。「みなす」とは、ある事柄と事実と異なっている場合でも、その事実と同様に扱うことを意味する（ex.126条2項、319条、370条など）。「推定」と異なり、反証を許さない。たとえば、「烏は白いとみなす」と法律で規定されたら、烏は実際には黒くても、白いと扱わなければならない。

---

① 任務懈怠の推定

利益相反取引（☞1章4節1-2）は、取締役が会社の利益を犠牲にして自己の利益を計る危険性が高い。そこで、会社に不利益な取引を抑止するため、利益相反取引によって会社に損害が生じた場合には、会社と取引をした取締役、取引の決定をした取締役、取締役会の決議に賛成した取締役のそれぞれは、任務を怠ったものと推定される（423条3項、なお369条5項に注意）。

任務懈怠の推定がなされるので、取締役の側で任務懈怠がなかったことを立証できなければ、責任を負うことになる。

なお、423条3項には、同条2項の場合と異なり「違反して」という文言はないことや「取締役会の決議に賛成した取締役」についても規定されていることから、株主総会あるいは取締役会の承認を得て適法になされた取引についても適用されることは明らかである。たとえば、取引の内容として実は対価が不当に安い（あるいは高い）、取締役が代金を踏み倒した等の場合である。

② 損害額の推定

任務懈怠により損害が生じたことは、会社側が裁判で立証しなければならないのが原則である。しかし、競業取引（☞1章4節1-1）、たとえばパンの製造販売を行う甲会社の取締役Aが、会社の承認を得ずに自ら甲会社の事業と同じくパンの製造販売をして、儲けたというときには、甲会社の損害とはいったい何を指すのだろうか。これは、取締役Aが競業取引をしなかったならば、甲会社が儲けたであろう利益である。物を積極的に壊された場合と異なって、甲会社の損害の立証は、極めて難しい。

そこで、取締役に対する責任追及を容易にするため、会社の承認を得ずに競業取引をした場合には、取締役が得た利益の額（つまり取締役Aが儲けた金額）を任務懈怠により生じた損害の額と推定するとした（423条2項）。損害額の推定がなされるので、競業取引をした取締役の側で、会社の損害額は自分が儲けた額よりも少ないと立証できなければ儲けた利益をすべて吐き出

さなければならない。これにより，競業取引を抑止するわけである。

③ 帰責事由による免責の例外

　さらに，利益相反取引のうち自己のためにした直接取引（☞1章4節1-2）については，特に厳しくなっている。この場合には，任務懈怠が推定される（423条3項）だけでなく，任務を怠ったことが「責めに帰することができない事由」によるものであったとしても，損害賠償責任を免れることができない（428条1項）。本人に悪いといえる事情がなくても，損害を賠償しなければならないのである。

　自己のための直接取引は，会社の利益を犠牲にして自己の利益を図る危険性が大きい行為なので，それを抑止するため，会社の損害の範囲で，利益を吐き出させる趣旨である。

🎼advanced♪　帰責事由とは何か

　取締役が自己のためにした直接取引で，会社に損害を与えた場合，取締役に責めに帰すべき事由（＝帰責事由）がなくても，損害を賠償しなければならない（428条1項）。免責を認めないのである。この規定の裏返しとして，任務懈怠責任（423条1項）は，原則として，帰責事由がなければ免責されることを意味している。

　では，帰責事由とは具体的には何を意味するか？

　これは，会社法独自の論点ではなく，民法の問題であるが，伝統的学説は，人が損害賠償責任という不利益を負わされるのは，故意または過失がある場合に限られるという過失責任主義の考え方を前提に，債務不履行責任の要件として，注意を尽くしていれば，すなわち無過失ならば責任を負わなくてもよいと考えてきた。

　428条1項は，過失責任主義の例外として，無過失責任を認めたというわけである。

たとえば，甲株式会社の代表取締役Ａが独断で明らかに過大な設備投資を行ったことにより，甲会社は倒産するに至ったとしよう。その結果，甲会社に対する貸付債権1,000万円を取り立てることができなくなった会社債権者Ｂは，Ａに対して損害賠償の請求ができるだろうか。

役員等（423条１項かっこ書）は会社以外の第三者とは契約関係にないから，役員等がその任務に違反しても，当然には第三者に対して責任を負わないはずである。

しかし，株式会社は経済社会において重要な地位を占め，しかもその活動は役員等の職務執行に依存していることを考えると，役員等がその任務を怠れば第三者にも損害を及ぼす可能性が大である。

そこで，会社法は第三者を保護する立場から特別の法定責任を定め，役員等がその職務を行うについて悪意または重大な過失があったときは，第三者に生じた損害を賠償する責任を負う旨を規定している（429条１項）。

🎵 advanced 🎵　429条１項の法的性質？

この特別な条文は，法律論上の解釈が難しい。だが，ここで深く悩む必要はない。どんな議論があって，裁判所がどのような考え方をしているか，対立している２つの考え方を簡単に見ておくだけでよい。

まず，責任を軽減した規定だという見解がある。本文の説明と真っ向から対立する考え方である。この考え方では，取締役などの経営者は仕事が大変なので，民法上の責任をそのまま負うのでは仕事ができないであろう，そこでむしろその責任を軽減したのだ，というのである。

しかし，仕事が大変だから責任を軽くしてあげる，というのは，会社に対する関係ではまだしも，取引相手との関係では理由にならない。現実的にも，会社にお金がないときに，資産を持っている経営者に対して責任を追及するために429条１項の規定が利用されるのである。

そこで裁判所は，この責任は第三者保護のための特別の法定責任であり，むしろ責任を重く定めたものだ，と考えている。

この考え方の違いは大きく，成立のための要件の違いを生んでいる。

	不法行為特則説	法定責任説（判例・通説）
立法趣旨	取締役は会社の複雑な業務を迅速に処理しなければならないので，第三者に損害を与える機会が多い。それなのに不法行為による責任を負わせると酷になるので，責任を軽減する趣旨で設けられた規定	第三者を保護する趣旨で設けられた規定であり，責任を重くする趣旨の規定
法的性格	主観的要件を「悪意または重過失」に限定した不法行為責任（民法709条）の特則	不法行為（民法709条）とは別個の法定責任
帰結 悪意・重過失の対象	第三者に対する加害行為	任務懈怠
帰結 損害の範囲	直接損害に限られる	直接損害・間接損害を含む
帰結 不法行為との競合	認められない	認められる
帰結 消滅時効	3年（民法724条前段）	5年（民法166条1項1号）

第1章　機関 ──株式会社の運営機構──

第 8 節 株主によるコントロール

1 事前のコントロール

取締役（執行役）が違法な行為をしようとしていたとしよう。このとき，会社自身はそのような違法行為を止めろという権利，すなわち差止請求権をもっている。しかし，経営陣の馴れ合いから，会社が取締役（執行役）の違法行為を止めないこともありうる。

そこで，会社ひいては株主の利益を守るために，株主が取締役（執行役）の違法行為を差し止めることができることになっている（360条，422条）。

♪advanced♪ 差止請求権が認められる要件

会社の種類	要件
監査役（委員会）非設置会社	著しい損害が生ずるおそれ
監査役（委員会）設置会社	回復することができない損害が生ずるおそれ

監査役設置会社，監査等委員会設置会社または指名委員会等設置会社では，株主の差止請求権が認められる要件が厳格であり，「回復することができない損害」が生ずるおそれがある場合に限られる（360条3項，422条1項）。監査役（385条1項），監査等委員（399条の6第1項），監査委員（407条1項）による差止めが存在するからである。監視制度が整っている監査役設置会社，監査等委員会設置会社または指名委員会等設置会社では，監査役，監査等委員，監査委員による是正が第一義的に機能することを予定しているわけである。指名委員会等設置会社における執行役に対する差止請求をする場合も同様である（422条1項）。

2 事後のコントロール

責任追及等の訴え（代表訴訟と呼ぶこともある）とは，株主が会社のために役員等に対する会社の権利を行使して訴えを提起することをいう。たとえば，取締役の会社に対する責任は会社自ら追及するのが当然だが，経営陣の馴れ合いから責任追及をしない場合もある。そこで，株主が会社に代わって会社のために訴えを提起することが認められた（847条）。

　株主の差止請求権（360条，422条）も責任追及等の訴え（847条）も，会社の運営を監督・是正するための権利として認められたものである。責任追及等の訴えが，いわば違法行為がなされた後の事後の救済であるのに対し，違法行為差止請求権は，事前の防止措置であるところに両者の差異がある。

第2章

株　式

1 ▷ 株式とは何か

　たとえば日本を代表するトヨタ自動車，日産自動車，ホンダ，ソニー，三菱重工業，パナソニックなどの巨大企業は，すべて株式会社である。ではなぜ，大企業は株式会社の形態をとるのだろうか。それは，株式会社が多数の投資者からたくさんのお金を集めることを可能とする仕組みを持っているからである。その仕組みが「株式」である。

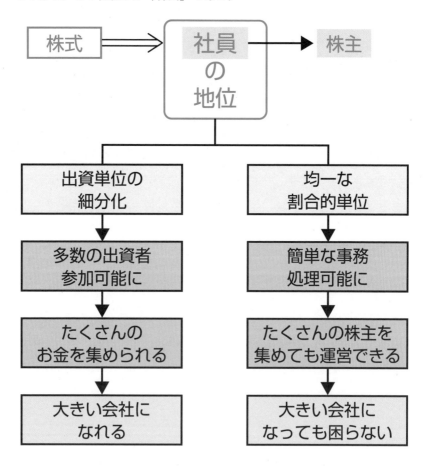

　仮に出資の額が1口1,000万円というように単位が大きいと，会社に出資をしたくてもできる人は少ない。1口1万円であれば，多くの人が出資をすることが可能であろう。多くの人からお金を集めるには出資の単位を小さく，つまり細分化したほうがよい。

　また，たくさんの人たち（出資者）からお金を集めるには，彼らと会社との関係が簡単に処理できないと困ることになる。そこで，株式会社では，出資の単位（株式）を均一な割合で表現した。1,000株あるうちの1株は，全体の1,000分の1であると決められるのである。株式会社の社員（出資者）は株式を有する者として株主と呼ばれる（104条，105条参照）。

　条文としては，株主総会において1株ごとに1議決権を有する旨の規定（1株1議決権の原則，308条1項本文）や，持株数に応じた剰余金の配当（454条3項）・残余財産の分配（504条3項）を受けるという規定がある。これらは社員（出資者）の地位が均一な割合的単位であることを示している。

　そして，株式は均一の割合的単位の形をとるので，1人で数株を保有する者は，その株式数だけ株主の地位を有することになる（持分複数主義）。その結果，持株数を基準として株主の有する議決権の数や剰余金の配当の額が決められるので，多数の社員（株主）と会社との法律関係を数量的に簡単・円滑に処理できることになる。

　これが，たくさんのお金を集めて大企業を作るための仕組みである。①多数の投資者を集め，②多数の出資者（社員）と会社との法律関係を簡単・円滑に処理するための仕組みが，株式なのである。

♪advanced♪　持分会社の場合とどこが違うか

　持分会社（合名会社，合資会社，合同会社）における社員の地位は，持分と呼ばれる（585条，611条1項等参照）。持分会社では，各社員は1つの持分を有し（持分単一主義），その持分の大きさは，出資の額を基準とし，かつ，社員の合意によって決めた損益分担の割合による損益の額を加減した大きさとなるから（576条1項6号参照），各人の持分の大きさは様々である（持分不均一主義）。

　このような制度では，多数の社員が存在すると剰余金の配当などの計算や持分を譲渡する場合にもその価格の計算が面倒であり，大企業を作るには適さない。

株主の権利・義務

【1】株主の権利

　個人企業のオーナー（所有者）は，自分の思うままに企業活動を行い，そこから上がった収益を自分のものとできる。株主も株式会社という企業の実質的所有者であるから，自分が儲けるために会社の経営に参加したり（共益権），上がった収益の分配を受ける権利（自益権）を有する。105条は，株主の主要な権利について規定している。

```
        ┌会社から経済的利益を受ける権利＝自益権
        │  剰余金配当請求権（105条1項1号）
105条─┤  残余財産分配請求権（105条1項2号）
        └会社の経営に参加する権利＝共益権
           株主総会における議決権（105条1項3号）
```

　自益権の中心となるのは，①経済的利益の分配を受ける剰余金配当請求権（105条1項1号，454条3項）と，②会社が解散し財産を清算する場合に受ける残余財産分配請求権（105条1項2号，504条2項3項）である。株主に剰余金の配当も残余財産の分配も与えないとすることは認められない（105条2項）。本来，会社は出資者からの出資を対外的な事業によって運用し，得た利益を出資者（社員）に分配するための仕組みだからである。

　共益権の中心となるのは議決権（105条1項3号，308条1項）である。株主の経営参加は，主に株主総会を通じて行われるからである（☞1章2節1）。共益権には，議決権（308条1項）の他にも取締役等の行為の差止請求権（360条，422条）や責任追及等の訴え（847条）などの監督是正権がある（☞1章7節）。

【2】株主の義務

① 株主有限責任の原則

　たとえば，会社が1億円の借金を抱えたまま倒産したとする。社員は，貸

主に対して会社の債務である1億円を返済する責任を負うだろうか。

　もし仮に，責任を負うとしたらどうなるか。出資者のリスクはあまりにも大きくなり，そんな危険な出資をする人はいなくなるだろう。それでは困る。株式会社は巨大企業を作るためのシステムだからである。誰でも安心して出資できなければならない。

　そこで，株主の責任は出資の額に限られ（104条），それ以上の一切の責任を負わないものとした。これを，株主有限責任の原則という。

〈株主の責任〉

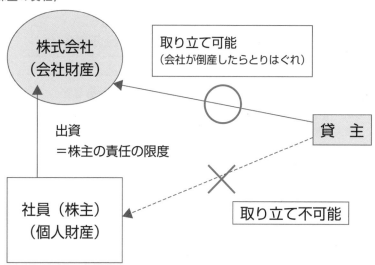

　株式会社では，個性のない多数の者が容易に参加できるようにする必要がある。そのための仕組みとして，会社法は，「株式」と「株主有限責任の原則」（104条）を採用した。この「株式」と「株主有限責任の原則」が株式会社の二大特色といわれる。所有と経営の分離（☞1章1節4-1,4-3,5）もそこから派生してくる。

〈株式会社の仕組み〉

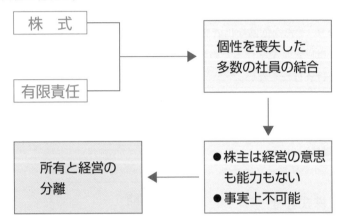

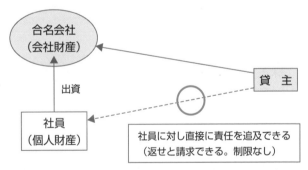

他方，株式会社や合同会社では，社員の責任は出資の額に限られ（104条，576条4項）ている（有限責任）。そして，出資の履行は社員になる前にしなければならない（株式会社につき34条1項，36条，63条1項3項，208条1項2項5項，合同会社につき578条，604条3項）。株式会社や合同会社の社員はその責任（つまりお金を出すこと）を社員になる前に必ず果たしていることになる。したがって，社員は，法律上は会社債権者に対して何ら責任を負わないが，社員の出資が会社を通じて間接的に会社債権者に対する担保となるので，その意味で間接責任と呼ばれる。会社の種類は，社員の責任の態様（直接責任vs間接責任，無限責任vs有限責任）によって次のように区別される。

株式会社		間接有限責任社員のみで構成（104条）
持分会社	合名会社	直接無限責任社員のみで構成（576条2項）
	合資会社	直接無限責任社員と直接有限責任社員とで構成（576条3項）
	合同会社	間接有限責任社員のみで構成（576条4項）

② 資本金

株主有限責任の原則から，資本金という制度が派生する。

〈会社債権者保護の必要性〉

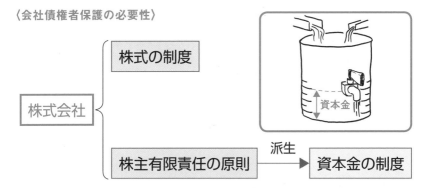

株主有限責任の原則より（104条），取引先（会社債権者）があてにできるのは会社財産だけである。ところが，その会社財産を配当金として株主に根こそぎ分けてしまったらどうなるか。取引先としてはたまらないだろう。そんな会社とは誰も取り引きしたくないはずである。そこで，資本金の制度が設けられたのである。

資本金とは，例えるならば水を入れたビーカーに刻まれた目盛のようなもので，そのなかに注がれては流れていく水が会社の財産である。水が一定の目盛を超えない限り，蛇口をひねっても水は出てこないようになっている（446条1号，461条2項1号参照）。

つまり資本金は，株主の責任を間接有限責任（104条）とした一方で，会社債権者保護のため「会社が維持すべき財産の数額＝基準」を示すものである（資本維持の原則）。資本金の制度は，株主有限責任の原則から派生した

株式会社の第二次的特色といわれている。

　ビーカーの目盛＝資本金の額は，原則として，株式の実際の払込額・給付額の総額とされている（445条1項）。

♪advanced♪　会社債権者の保護には何が必要か

　改正前商法では，最低資本金は1,000万円と定められていた（旧商法168条の4）。株式会社を作るには最低1,000万円＋αが必要だったのである。しかし，資本金は会社の設立や新株発行の際にそれだけお金が入ってきたということを示すだけで，実際の会社財産の状況を示すものではない。資本金がいかに大きくても，会社の純資産が少なければ会社債権者には役立たない。

　会社法は起業を促進し会社の成立を容易にする方向で規制を緩和するという方針から，最低資本金制度を廃止した。

　それに伴い，会社財産維持における資本金額の意義は低下した。会社債権者の保護のためには，むしろ，①会社財産の状況の適切な開示や，②会社に適切に財産が留保されることの方が重要となっている。

3　株式の多様化

【1】なぜいろいろな株式があるのか

　「株式」は，たくさんの人たち（出資者）からお金を集めるための仕組みである（☞2章1節1）。たくさんの人から出資を集めるには，投資家の多様なニーズに応える必要がある。

　たとえば，ラーメン屋でも客を多く呼び込むには客の好みに応じた何種類かのラーメンがあったほうがよいだろう。これと同じように，株式会社でも幅広く投資者からお金を集めるには，投資者の好みに応じていろいろな要求に応える必要がある。

　また，たとえば友人2人でビジネスを始めたときには出資比率（たとえば6対4）にかかわりなく対等の立場で経営にあたりたい，つまり議決権比率を1対1にしておきたいと思うだろう。さらには，ベンチャー企業に出資をするベンチャーキャピタルは，経営への発言権を確保するために自分たちの

派遣する取締役を一定数確保したいであろう。

　そこで，会社法は，多様なバリエーションを付けることを認めている（107条，108条）。

🎼advanced🎵　107条と108条はどこが違うか

　会社は内容の異なる2以上の種類の株式を発行することができる（108条1項柱書）。会社法2条13号にいう「2以上の種類の株式を発行する」とは，現に2種類以上の株式を発行している会社の意味（184条2項参照）ではなく，2種類以上の株式について定款に定めを設けている会社（108条2項柱書）の意味である。そのような会社を種類株式発行会社という（2条13号）。

　107条は，種類株式発行会社（108条）以外，つまり1種類しか株式がない会社についての規定である。

【2】株式の内容と種類

　会社は，その発行する株式の全部に共通する内容として，3つの事項に限って，特別の内容を定めることができる（株式の内容，107条1項1号〜3号）。

　そして，会社は内容の異なる9種類の株式を発行することができる（株式の種類，108条1項1号〜9号）。

　株式の内容や種類については，一定の事項を定款で定めなければならない（107条2項，108条2項）。権利内容を明確にするためである。

　次に，株式の内容や種類について説明するが，株式の内容や種類株式の規定はかなり難しいので，最初のうちは，投資者の多様なニーズに応じるために株式にも多様なバリエーションがあることを覚えておけばよいだろう。

　なお，①〜③は，107条1項・108条1項で共通である。

名　称	内　容	ニーズ
①譲渡制限［種類］株式 （107条1項1号， 108条1項4号）	売り買いに会社の承認が必要（2条17号）。	株主を身内に限定する。
②取得請求権付［種類］株式 （107条1項2号， 108条1項5号）	株主がその株式について会社に取得を請求することができる（2条18号）。	買い手がないような株式の場合，株主が会社に株式を買い取ってもらう。 種類株式発行会社であれば，対価を別の株式とすれば，株主は自己に有利と思える株式に交換できる。
③取得条項付［種類］株式 （107条1項3号， 108条1項6号）	会社が一定の事由が生じたことを条件として株式を取得することができる（2条19号）。いわば会社の側から強制的に取得することができる株式である。	数年後に鉱脈が尽きる鉱山会社が，清算手続を簡単にする。 種類株式発行会社であれば，会社が資金調達を行うため，当初は優先株を発行するが一定期間経過後は配当負担を緩和するため，その全部を普通株に強制転換する。
④剰余金の配当についての種類株式 （108条1項1号）	剰余金の配当について内容の異なる株式である。	株式会社は，業績が不調な時は他の種類の株式よりも優先的な地位が与えられる優先株を発行して有利に資金調達を行うことができる。逆に，業績好調な時には他の種類の株式より劣後的な劣後株を発行して既存株主の利益を守ることができる。
⑤残余財産の分配についての種類株式 （108条1項2号）	残余財産の分配について内容の異なる株式である。	④と同じように使える。
⑥議決権制限種類株式 （108条1項3号）	議決権がない完全無議決権株式（全部議決権制限株式）と，一定の事項についてのみ議決権がある一部議決権制限株式とがある。	配当に興味があるだけで，会社経営に関心のない投資者のニーズや合弁会社のパートナー間において，出資額によらない支配権分配を行なうニーズに応える。

⑦全部取得条項付種類 株式 （108条1項7号）	株主総会の特別決議（171条1項，309条2項3号）により会社がその全部を取得することができる。	法的な倒産処理手続によらずに多数決によって会社の発行済株式全部を消却する（いわゆる100パーセント減資）ことができ，債務超過の場合などにスポンサーとなる企業の資本参加を前提とした再建計画に利用することが想定されている。
⑧拒否権付種類株式 （108条1項8号）	株主総会または取締役会において決議する事項につき，その決議のほかに，その種類の株式の種類株主総会の決議を必要とする。	一般の株主総会の決議につき，ある種類の株主に拒否権を与える。
⑨取締役・監査役選任 権付種類株式 （108条1項9号）	その種類の株式の種類株主総会において，取締役・監査役を選任することができる。	ジョイント・ベンチャー企業などでなされていた取締役・監査役の選任についての株主（企業）間の合意を法律上も認めた。

4 株主平等の原則

〔1〕 株主平等の原則とは

　i 　種類株式発行会社以外の会社　→　株式は1つだけ

　　　　　　　　　　　　　　　　→　すべての株式の権利内容は同じ

　ii 　種類株式発行会社　→　複数の株式を発行

　　　　　　　　　　　　→　同一種類の株式の権利内容は同じ

　投資者の多様なニーズに応えるため，株式にもいろいろなバージョンがある。しかし，同一バージョンの株式であれば，その権利内容は同じである。たとえば，1つしか株式を発行していなければ，各株式の権利内容は同一である。また，2以上の種類の株式を発行する種類株式発行会社では，種類ごとに権利内容は異なるが，同一種類の株式の権利内容は同一である。

　株式の権利内容が同一であるならば，株主はその有する権利について持株

数に応じて等しく扱うのが道理である。そこで，109条１項は，会社は，株主を，その有する株式の内容および数に応じて，平等に取り扱わなければならないと規定している。これを株主平等の原則という。

♪advanced♪　株主平等の原則は大資本の結集に役立つのか

　仮に創業時の株主が１株あたりの議決権の数を多く認められたり，あるいは株価が高い時期に株式を買った者が剰余金の配当を多く受け取ったりしたらどうなるか。

　後から株主になろうとする者は，同じ株式なのに権利内容に格差がついたのでは株主となるのを，きっとためらうだろう。

　株主の権利（ex.剰余金の配当，議決権の数等）について，各々の有する株式の内容・数に応じて平等に取り扱われることで，後から株主となる者も安心して株主となることができる。その意味で，株主平等の原則も大資本の結集に役立つのである。

【2】非公開会社における例外

　非公開会社（☞１章１節3-1）については，株主平等の原則の例外が認められている（109条２項）。

　たとえば，家族でやっている街のおとうふ屋さんでは，たとえ出資額が同じでも，リーダーとして会社を動かしているお父さんの意見を尊重するために議決権の数を他の株主（家族）の倍と定めることもできる。反対に，お父さんの出資額がお母さんの出資額よりも多くても，お父さんの暴走を抑えるために，お父さんとお母さんの議決権の数は同じと定めることもできる。

　非公開会社では，仮に同じ株式を同じ数だけ持っていたとしても，株主ごとに異なる取扱いをすることを定款で定めることができるのである（属人的定め，109条２項）。これは，非公開会社では，株主は固定化されており，相互間の関係が緊密なので，株式でなく株主その人に着目して異なる取扱い（ex.１人１議決権，複数議決権，全員同額配当）を認める必要があるからである。

第2節 株主の投下資本回収のための仕組み

1 株式譲渡自由の原則

　たとえばある会社に300万円出資をしたが，車が欲しくなったのでこの300万円を回収したいとしよう。このとき，出資（投下資本）の回収の方法が確保されていなかったらどうなるか。そんな不便な投資に対しては，そもそも誰も出資をしないだろう。

　会社に安心して出資をさせるためには，出資（投下資本）の回収の道を確保しておかなければならないのである。

　ところで投下資本回収の方法として考えられるのは，①会社に株式を返して出資金を払い戻してもらう，②株式を他の人に売り払う（株式譲渡）という2つの方法である。

　さて，どちらがよいか。結論からいうと，②の方法が採用され，ニュースで耳にする証券市場を通じて活発に行われている（株式譲渡自由の原則，127条）。

　なぜかというと，次の2つの理由がある。

〈株主の投下資本回収の仕組み〉

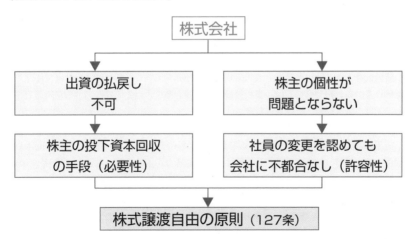

95

まず，株主は会社債権者に対して間接有限責任を負うにすぎない（株主有限責任の原則，104条）ので，会社債権者があてにできるのは会社財産だけである。

　そこで，会社債権者保護のため会社財産の確保が必要であり，株主が会社から払戻しを受けるには厳格な制限がある（資本維持の原則，446条1号ニ，461条2項1号参照）。株式会社では，自由に出資の払戻しを認めることはできない。だから，株主の投下資本回収方法としては株式譲渡によるしかない。

　他方，株式会社では，社員（株主）の交代を自由に認めたとしても，基本的には困らない。株主は有限責任を負うだけであり（104条），株主とは別に経営者がいるからである（326条1項参照）。つまり，株式会社では所有と経営が分離されており（326条1項），原則として株主の個性が問題にならないので，株主が自由に交代することを認めても会社に不都合はない。

　それゆえ，会社法は株主の投下資本回収を保障するため，株式譲渡を原則として自由としている（株式譲渡自由の原則，127条）。

　このことは，株式会社は返還義務のない資金を集めることが可能な会社形態だということを意味する。

🎼advanced🎵　**持分会社の投下資本回収方法はどうなっているか**

投下資本回収方法 ⎰ 退社に伴う払戻し
　　　　　　　　　 ⎱ 社員の地位の譲渡

　持分会社の場合は，各社員と会社の結びつきが非常に強く，各社員は会社経営に深く関与している。持分会社では，誰が社員かが重要であり，自由に社員の地位を譲渡できたのでは，会社経営に支障をきたす。

　そこで，株式会社とは逆の結論に至る。

　投下資本の回収は退社制度による持分の払戻しの方法（606条，611条1項）により確保され，持分（社員たる地位）を勝手に譲渡できないようになっている（585条1項）のである。

	社員の責任	社員の業務執行権	社員の地位（持分）の譲渡
合名会社 （576条2項）	直接無限責任 （580条1項）	あり （590条1項，599条1項）	全社員の同意が必要 （585条1項）

合資会社 （576条3項）	無限責任社員 ：直接無限責任 （580条1項）	あり （590条1項，599条1項）	全社員の同意が必要 （585条1項）
	有限責任社員 ：直接有限責任 （580条2項）	あり （590条1項，599条1項）	原則；全社員の同意が必要 （585条1項） 例外；業務執行しない有限責任社員の場合→業務を執行する社員全員の同意 （585条2項）
合同会社 （576条4項）	間接有限責任 （580条2項）	あり （590条1項，599条1項）	原則；全社員の同意が必要 （585条1項） 例外；業務執行しない有限責任社員の場合→業務を執行する社員全員の同意 （585条2項）
株式会社	間接有限責任 （104条）	なし （348条1項，349条，363条1項，418条）	原則自由 （127条）

2　譲渡制限株式

　前述のように株主にとっては，株式を譲渡する以外に投下資本回収の方法がない。それゆえ，株式の自由譲渡性は最大限尊重する必要がある。

　しかし，社員の変更は，場合によっては会社経営に不都合をきたすなどの弊害を生ずることもある。街のおとうふ屋さんのような株主の個性が重視される閉鎖的な会社もあるからである。そのような会社では，株式が譲渡され，会社経営にとって好ましくない者が経営に参加してくるのを防止することが，会社ひいては株主の利益になる。

　そこで会社法は，その発行する株式の全部または一部の内容として，譲渡による株式の取得について会社の承認を要する旨を定款で定めることができるとしている（2条17号，107条1項1号，108条1項4号）。

　承認手続については，136条以下に詳しい規定がある。

1 株主名簿

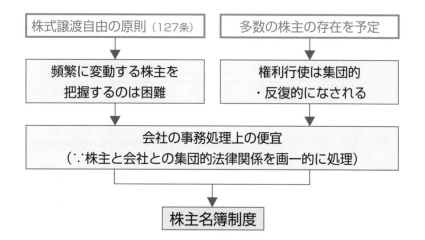

株主の投下資本回収を保障するために，株式は会社と関係なく自由に譲渡できるのが原則である（127条）。トヨタ自動車などの上場会社では，証券取引所を通じて，株主は日々大量に入れ替っている。非公開会社でない限りは，会社としては，誰が株主か分からないのが通常である。

しかし，それでは，誰に株主総会の招集通知を出すかなどの判断に困ることになる。かといって，株主が権利行使のたびに自分が株式を譲り受けたことを証明したりするのでは，その確認のための手数と費用が大変である。

株式会社は大企業を作ることが可能な会社形態であり，大企業では多数の株主が存在し，しかも，多数の株主が毎年定時株主総会（296条1項）で議決権を行使したり，剰余金の配当を受け取る。大企業になればなるほど誰が株主かが容易に分かる仕組みが必要である。それが株主名簿の制度である。株主名簿は，株主とその持株等に関する事項を記載または記録するため，株式会社に作成が義務づけられている（121条）。

株式の取得者は，株主名簿の名義書換をしない限り，株式の移転を会社に

「対抗（主張）」することができない（130条）。つまり，株主は，名義書換を
しない限り，たとえ本当に株式の譲渡を受けたことを法的に立証したとして
も，会社に対して株主として権利行使をすることができない。

　株主名簿のポイントは，多数の絶えず変動する株主と会社との集団的法律
関係を画一的に処理し，会社の事務処理の便宜を図るための制度だというこ
とである。

2 ▶ 名義書換の手続

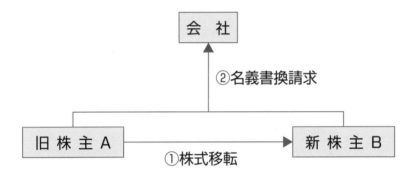

　名義書換の請求は，株主名簿上の株主（譲渡人）と株式取得者（譲受人）
とで共同して行うのが原則である（133条 2 項）。譲受人単独で名義書換の請
求ができたのでは，ずるい人間は平気でうその申告をするであろう。権利を
失う者（譲渡人）が手続に参加することで，譲渡行為があったことの真実性
が高まるわけである。

　もっとも，株券発行会社（117条 7 項かっこ書）では，株券の占有者は，
適法な権利者と推定されるから（131条 1 項），取得者が単独で会社に対して
株券を呈示して名義書換の請求ができる（133条 2 項，会社法施行規則22条
2 項 1 号）。

𝄞advanced♫ 株券発行会社・株券不発行会社とは何か

公開会社：決済の迅速化・コストの削減 ┐
非公開会社：株券発行の必要性が少ない ┘ ─ 株券不発行制度の導入

　株券の姿はニュースなどで見たことがあるだろうか。「○○会社株券」などと印刷された紙である。これを有価証券という。文字どおり，価値のある証券という意味であり，証券（という紙片）に権利を結合させ，権利の流通を図るための仕組みとして，証券の譲渡は権利の譲渡と同じと考える制度である。

　たとえば，株式の譲渡をするには，株券を交付するだけでよいとすることで株式の譲渡が簡単になる（128条1項本文参照）。しかも，Aが持っている株式をBに売ったとする。その時点で株券をBに渡さなければならない（128条1項本文参照）ので，同時にCにも売るという二重譲渡は起こり得ない。つまり株券は，株式の譲渡（すなわち株主の投下資本回収）をできるだけ容易かつ安全にするための仕組みといえる。

　かつて，すべての株式会社は，法律上株券を発行しなければならなかった。しかし，街のおとうふ屋さんのような非公開会社ではそもそも株式を売るつもりがない。つまり株券は不要である。また，トヨタ自動車などの上場会社にとっても株券は実は邪魔だった。大量の取引のたびに箱詰の株券を発送するだの，そもそも印刷コストもばかにならない。一方でコンピュータシステムの成熟により紙に頼らなくても安全確実に株式の流通を図ることができる時代となった。コンピュータシステムを利用する上場会社については，「社債，株式等の振替に関する法律」という特別法で規定が設けられている。

　そこで会社法は，株券不発行を原則とした（214条）。ただし株券不発行会社（非公開会社）では，株券がない以上，二重譲渡が起こり得ることになるので，株主名簿の名義書換を会社に対する関係だけでなく第三者に対する関係でも対抗要件としたのである（130条1項）。

1 規制の趣旨

　自己株式の取得とは，会社が自社の株式を取得することをいう。株式は譲渡可能（127条）な財産的価値を有するものであるから，自己株式の取得は理論的には可能である。ただ，自己株式の取得を自由にすると，次のような弊害が生じるおそれがあるので，それぞれ防止策がある。

弊　害	理　由	防止策
①会社の財産的基礎を害する	実質的には出資の払戻しと同様の結果となり，会社債権者を害する	財源規制
②株主平等の原則に反する	買い手がつかない株式を会社が買い取るなど，特定の株主に有利になるおそれがある	取得方法・取得手続による規制
③株式取引の公正を害する	株価操作あるいはインサイダー取引により一般投資家を害するおそれがある	金融商品取引法による規制
④会社支配の公正を害する	自己株式は議決権がない（308条2項）のでその分だけ議決権が減少し，経営陣が多数派を占めるのに役立つ	取得手続による規制

取得方法	市場取引・公開買付け		株主全員に申込みの機会を与える場合	特定の株主からの取得
取得手続	株主総会の普通決議（165条1項，309条1項）	取締役会設置会社では，定款で，取締役会に授権できる（165条2項3号）	株主総会の普通決議(156条)→取得する都度，取得価額等の決定(157条)→株主への通知(158条)→譲渡の申込み，申込総数が取得総数を超えたときは按分で取得(159条)	株主総会の特別決議（160条，309条2項2号）
財源規制	461条1項2号	461条1項2号	461条1項3号	461条1項3号

① **取得手続**

　株式の取得に関する事項の決定は，株主総会の決議によって定めるのが原則である（156条）。

　株主総会決議を必要としたのは，会社が株主との合意によって自己株式を取得するのは，剰余金の配当（原則として，株主総会の決議が必要。454条1項）と同じく，財産分配の一形態であり，また，会社支配の公正を害するかどうかを株主が判断できるようにするためである。

② **取得方法**

　取得方法の違いによって手続の厳格性が異なる。

　特定の者から直接に買い受ける相対（あいたい）取引は株主間の公平を害するおそれが強いので，買受けの相手を株主総会の特別決議（160条，309条2項2号）で決定する。この決議においては売買当事者の株主は議決権を行使できない（160条4項本文）。また，会社からの通知により（160条2項）

当該議案を知った他の株主は，会社に対して特定の株主（売主）として自己を加えることを請求できる（160条3項）。株式の売却機会の平等をはかる趣旨である。

③ 財源規制

自己株式を取得するのと引換えに交付する金銭等の総額は，分配可能額を超えてはならない（461条1項2号3号）。会社の財産的基礎を害するのを防止するためである。

1 募集株式の発行等

　株式会社が，事業活動を営むためには常に資金が必要である。

　会社設立当初はもっぱら社員の出資により資金を集めるが，設立後はさまざまな資金調達の方法が準備されるとともに，機動的な資金調達が図れるように工夫されている。

	自己資本（返還義務なし）	他人資本（返還義務あり）
内部資金	利益の社内留保	
外部資金	新株発行・自己株式の処分	社債発行・銀行借入れ

　会社外部から返還する必要のない資金を調達する方法として，新株発行（資金調達のため新たに株式を発行する場合）と自己株式の処分（資金調達のため会社が保有する自己株式を売却する場合）とがある。

　　募集株式の発行等 ┬ 新株発行
　　　　　　　　　　 └ 自己株式の処分

　新株の発行と自己株式の処分とは，資金調達の目的で行われ，かつ，社会に流通する株式数が増加する点で，共通する。

　そこで，会社法は，株式の発行・自己株式の処分にあたり株式の引受けの申込みをした者に対して割り当てる株式を募集株式と定義し，新株発行の手続と自己株式の処分を行う手続とを募集株式の発行等（第2章第8節199条〜）という手続に統一している。

2　既存株主の不利益

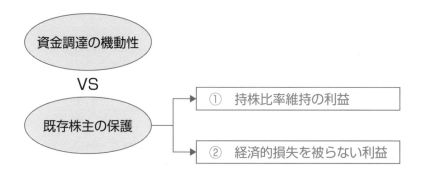

会社は，資金調達の必要が生じたとき市場の状況等に応じ機動的に募集株式の発行等を行うことが望ましい。それが，ひいては株主の利益となる。

しかし，株式の発行によって既存株主の被る不利益も考慮しなければならない。そうでないと，誰も会社に出資をしなくなる。

そこで，この両者をどのように調整しているのかが，募集株式の発行等を考えるポイントになる。

既存株主の被る不利益には，①持株比率の低下と，②経済的損失を被る不利益がある。

①持株比率の低下	会社が既存株主以外の者に募集株式の発行等をすれば，既存株主の持株比率は相対的に低下し，会社に対する支配力が弱まる
②経済的損失を被る不利益	会社が既存株主以外の者に時価より低い価格で募集株式の発行等をすれば，株価は下落し既存株主は経済的損失を被る

♪advanced♪　**株主割当てを原則とすればよい？**

既存株主が持株数に応じて優先的に株式の割当てを受けられれば，既存株主は，従来どおりの持株比率を維持できるし，損をすることもない。

具体例で考えてみよう。純資産額を基準に株価を考えるとして，たとえば純資産1,000万円の会社が1,000株発行していれば，株価は1株1万円である。このとき，1株

5,000円で1,000株追加発行すると，株価は7,500円になり，2,500円の損になる。しかし，新株を引き受ければ5,000円で7,500円の株式を取得できるので損害は生じない。

しかし，株主割当ては原則とされていない（202条1項参照）。それは，株主にお金がないときに会社の機動的な資金調達が害されるおそれがあるからである。

会社法は，①機動的に資金を調達する必要がある公開会社（2条5号）と，②そのような必要が少なく，むしろ持株比率の維持が重要な非公開会社とで規制を分けている。

重要なのは，公開会社，特に公開・大会社における利益調整である。

	資金調達の必要性	持株比率の保護	経済的利益の保護
公開会社	大	小	大
非公開会社	小	大	小

【1】非公開会社

株主割当て以外の場合		株主割当ての場合
通常発行	有利発行	
原則 株主総会の特別決議（199条2項，309条2項5号） 例外 資金調達の便宜の観点から，株主総会の特別決議によって，決定を取締役（会）に委任することができる（200条1項，309条2項5号）	原則 同左（ただし，株主総会において有利な払込金額で募集することの理由の説明が必要・199条3項） 例外 同左（ただし，株主総会において有利な払込金額で募集することの理由の説明が必要・200条2項）	株主総会の特別決議（199条1項，202条1項3項4号，309条2項5号） （ただし，定款の定めにより取締役の決定または取締役会の決議とすることが可能。202条3項1号2号）

街のおとうふ屋さんのような非公開会社では，他人が経営に口を出したり，お父さんとお母さんのパワーバランスが崩れるとまずいことになる。つまり，安定した経営を続けるために既存株主の持株比率の維持を図る要請が強いのである。

そこで，募集事項の決定には原則として株主総会の特別決議が必要とされている（199条1項2項，309条2項5号）。株主総会の特別決議で募集株式の発行等を決定することで，既存株主の持株比率の保護を図ろうとするものである。

そして，株主割当ての場合でもお金がなければ買えない。そのときに既存株主に不利益（つまり持株比率の低下）が及ぶことから，原則として株主総会の特別決議によるものとしている（202条3項4号）のである。

【2】公開会社

① 持株比率維持の利益より資金調達の機動性を

株主割当て以外の場合		株主割当ての場合
通常発行	有利発行	
取締役会決議（199条1項，201条1項）	原則 株主総会の特別決議（199条2項，309条2項5号）（有利な払込金額で募集することの理由の説明が必要，199条3項） 例外 資金調達の便宜の観点から，株主総会の特別決議によって，決定を取締役会に委任することができる（200条1項，309条2項5号）	取締役会決議（199条1項，202条1項3項3号）

トヨタ自動車のような上場会社では，株式の譲渡は自由であり（127条），証券会社に注文すれば簡単に市場から株式を取得できる。持株比率を維持し

たければ，買えばよいのである。会社から見ても必要に応じて資金調達をできることが，会社すなわち株主の利益になる。つまり，個々の株主の有する持株比率は，資金調達の機動性を犠牲にしてまで維持する必要はない。

　そこで会社法は，既存株主の持株比率の低下を防止することよりも資金調達の機動性を重視して，取締役会を募集事項の決定機関としている。募集株式の発行をするたびに株主総会の決定を必要としない点で，資金調達の機動性を図ることができる。

🎼advanced🎵　**取締役会の権限への歯止め**

　公開会社では，定款で定める発行可能株式総数の範囲内（37条1項2項）であれば，取締役会が株主総会にはかることなく，資金調達の必要性に応じて機動的に株式発行を決定することができる（201条1項）。取締役会で発行できる枠がいっぱいになったときは，株主総会の特別決議により定款変更をすればよい（466条，309条2項11号）。もっとも，公開会社では，設立時発行株式の総数は，発行可能株式総数の4分の1を下ることができないし（37条3項本文），また，定款変更による発行可能株式総数の増加は，発行済株式総数の4倍を超えることはできない（113条3項）。したがって，旧株主の持株比率の低下に対する歯止めがないわけではない。

---

②　経済的損失を被らない利益

　機動的な資金調達を重視するとしても，株価の下落による経済的損失まで既存の株主が甘受すべき理由はない。しかし，企業グループ再編等で第三者に時価よりも安く募集株式の発行をすることを必要とする場合がある。

　そこで公開会社でも，このような有利発行の場合には株主総会の特別決議が必要とされている（201条1項，199条2項3項，309条2項5号）。

🎼advanced🎵　**条文相互の関係はどうなっているか**

　会社法は，条文の書き方として非公開会社を原則とし，公開会社をその例外として規定している。そのため，募集事項の決定機関（199条〜202条）の条文は複雑で分かり難いが，募集株式の発行等によって，株主がどのような不利益を受けるかという視点から整理するとよい。
　ⅰ　199条は，原則規定（非公開会社）

ⅱ　200条は，株主総会決議で取締役等に委任した場合の特則

ⅲ　201条は，公開会社における199条・200条の特則

ⅳ　202条（株主割当ての場合）は，199条・200条・201条の特則

　条文を見てみよう。募集事項（199条1項）の決定は株主総会の特別決議で決定しなければならない（199条2項，309条2項5号）。この原則は，実は非公開会社についてのみあてはまる。それは201条1項を見ればわかる。201条1項は，「公開会社における」199条2項の適用について，「株主総会」を「取締役会」と読み替えて，取締役会決議で決めてよいとしている。公開会社における資金調達の機動性を優先したのである。

　ただし，「199条第3項に規定する場合を除き」とある。つまり，「特に有利な」払込金額で発行をする場合には，原則どおり株主総会の特別決議が必要となる（199条2項，309条2項5号）。これは，たとえ公開会社であっても，株主に経済的損失を被らせることは許されないという判断の現れである。

第**2**章　株式

第 **6** 節 出資単位の調整

1 出資単位に関する会社の自治の尊重

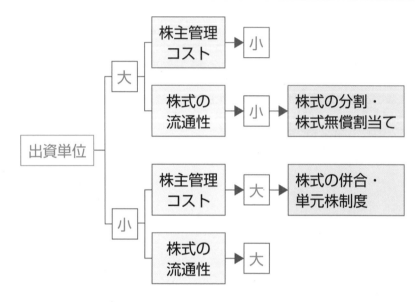

　株主管理コストは，株主1人につき数千円といわれている。株主管理コストとは，たとえば，定時株主総会の開催に際し，計算書類や監査報告を招集通知に添付して送付すること等にかかる費用のことである。そのため，出資単位（株式の投資単位＝1株の単位＝株式の大きさ）があまりに小さいと出資額に比して株主管理コストが過大となる。数百円出資した株主のため年間数千円を要するというのは誰が見ても経済的合理性を欠く。逆に，出資単位が過大な場合には，株式の時価が高くなり，一般投資家による取得が困難となる。

　そこで，会社が株主管理コストの削減や株式の市場での流通性などを考えて，その会社に最適の株式の価値（出資単位）を自由に選択できるようにする必要がある。その手段が，株式の併合・単元株制度，そして株式の分割・株式無償割当てである。

2 | 株式の併合・単元株制度

【1】 株式の併合

株式の併合とは，たとえば10株を1株とするように，数個の株式を併せて発行済株式総数を減少することである（180条）。

株式の併合は，会社財産はそのままに株式数を減らすので，1株あたりの価値が増加する。つまり出資単位を一定以上大きくすることにより，株主管理コストを削減することができる。

ただし，たとえば先の例で9株しか持っていない者は株主の地位を失う，あるいは1株に満たない端数が生じるなど，株主の利益に重大な影響を与える。そこで，株主総会の特別決議が必要とされている（180条2項，309条2項4号）。

🎼 advanced 🎵 **株式の買取請求制度の導入**

たとえば，10株を1株とする株式の併合が行われると，9株しか持っていない者は株主の地位を失う。そして，株式会社が株式の併合をすることにより1株に満たない端数が生ずるときは，その端数の合計数をまとめて競売し，得られた代金を端数に応じて交付することになっている（235条）。

しかし，株式の併合により多くの端数を生じる場合，通常の端数の取り扱い（235条）では，市場価格が下落したり売却先が見つからないおそれがある。そこで，平成26年会社法改正により，反対株主の株式買取請求権が創設され，株式会社が株式の併合をすることにより株式の数に1株に満たない端数が生ずる場合には，反対株主は，当該株式会社に対し，自己の有する株式のうち1株に満たない端数となるものの全部を公正な価格で買い取ることを請求することができることになった（182条の4第1項）。

【2】 単元株制度

単元株制度とは，定款で定めた一定数の株式をまとめたものを1単元とし，1単元株には1議決権を認めるが，単元未満株式には議決権を認めない制度である（188条1項）。

たとえば，100株を1単元とする場合の99株以下の数の株式のように，単

元株式数に満たない数の株式を単元未満株式といい，単元未満株式を有する株主を単元未満株主という（189条1項）。

　単元株制度は，単元未満株式には議決権を認めないことで，株主総会にかかる株主管理コストの削減を図ることができる。

♩advanced♪　株式の併合と単元株制度

　株主管理コストを削減するため出資単位を大きくしたいなら，株式の併合によるのが手っ取り早い。しかし，株式の併合だと株主の地位を失うものが生じたり，株券の交換に多額のコストを要したり（219条1項2号参照），会社がまとめて売却・換価しなければならない1株未満の端数が多く出て株価が下落する等の問題が生ずる。

　単元株制度では，これらの問題が生ずることはなく，単元未満株主も，最低限，会社から剰余金の配当等の経済的利益を受ける権利を有する（189条2項1号～6号）。

　そのため，株主管理コストの削減については，株式の併合よりも，単元株制度の方が利用しやすい面がある。

　会社が単元株制度を採用するには，定款に1単元の株式数（単元株式数）を定めなければならない（188条1項）。ただし，単元株式数の上限は法務省令で定める数（1,000株および発行済株式の総数の200分の1にあたる数）を超えることができない（188条2項，会社法施行規則34条）。たとえば，1,000×200＝20万株であれば，1単元の株式数の上限は1,000株であるが，発行済株式の総数が20万株未満だと単元株式数の上限は1,000株以下になる（ex.10万株だと単元株式数の上限は500株）。不当に大きい単元だと，一部の支配株主が議決権を独占してしまい，一般株主の利益を害するからである。

　　i　会社成立後の単元株制度採用＝株主に不利

　　　→定款変更の手続＝株主総会の特別決議（466条，309条2項11号）

　　ii　単元株制度の廃止・1単元の株式数減少＝株主に有利

　　　→取締役（取締役会決議）で定款変更可能（195条1項）

　会社成立後に定款を変更して新たに単元株制度を採用する場合には，少数株主の議決権を否定することになる。そのため，株主総会の特別決議が必要である。株式の併合と同様に，取締役は単元株制度を採用する理由を開示し

なければならない（190条）。

　他方，単元株制度の廃止・1単元の株式数減少は株主の利益になりこそすれ不利益にはならないから，466条の規定にかかわらず取締役の決定あるいは取締役会決議によって定款変更ができる。

3 株式の分割・株式無償割当て

【1】株式の分割

　株式の分割とは，たとえば1株を2株とするように，同一の株式を細分化して発行済株式総数を増加させることをいう（183条）。会社財産はそのままに株式数を増加させるので，1株の価値は小さくなる。

　これは，1株の価値が上がりすぎたときにそれを引き下げる，つまり売買しやすいようにするものである。たとえば，1株を2株に分割すれば，1株の経済的価値はもとの50パーセントに下落するはずなので，株式の流動性が高まる。

　株式の分割は，併合と異なり，株主の利益を害さないので，取締役会設置会社では，取締役会の決議（それ以外は株主総会の普通決議）でできる（183条2項柱書）。たとえば，1株を2株に分割しても，全体の中で従来の株主の有する権利は変化しない。

【2】株式無償割当て

　株式無償割当てとは，株主に対して新たに払込みをさせないで株式の割当て（株式の発行または自己株式の交付）をすることをいう（185条）。

　株式無償割当ては，お金を払わずに持株数が増えるという点では，株式分割と同じである。また，株主総会決議ないし取締役会決議による点でも同じである（183条2項，186条3項）。

🎼advanced♪ 株式の分割との違いは何か

　両者とも，お金を払わずに持株数が増える点では同じだが，株式の分割は板チョコを割るのに対し，株式無償割当ては会社から別の板チョコをもらうようなものである。つまり，株式の分割は株式の計数の増加である（既存の株式が分裂・増殖する）のに対して，株式無償割当ては新株の発行または自己株式の交付をするものである。

　したがって，①株式の分割は，同一の株式1株が2株になるという計数の増加であり，対象となった株式が増加するのに対し，株式無償割当てでは同一または異なる種類の株式が交付される。たとえば，AB2種類の株式が発行されている種類株式発行会社で，A株式にB株式を与えるのを予定した制度が株式無償割当てである。また，②株式無償割当てでは自己株式を交付できるのに対し，株式の分割は同一の株式1株が2株になるという計数の増加であるから，自己株式を交付するということはあり得ない，などの違いがある。

第3章

情報開示

1 株主・会社債権者への情報開示の必要性

たとえば資格試験に合格したい，北アルプスを踏破したい，パソコンを自作したい，などと思ったとしよう。それぞれの目的を実現するためには，誰でもまずは情報収集から始めるだろう。

株主や会社債権者，さらにはこれから会社に投資をしようと考えている投資者でも，それは同じである。それぞれの目的を達成するには，会社の財政状態および経営成績についての情報が不可欠になる。そこで，会社法は会計帳簿の作成（432条1項），計算書類の作成（435条）やその開示を義務づけている。このような会社法の規定を総称して計算規定と呼ぶ。

〔1〕株主の保護

株主（出資者）は，利益を得るために株式会社に出資をする。そして，所有と経営とが制度的に分離した株式会社においては，企業の実質的所有者である株主は，会社の経営を経営の専門家にゆだねる。

会社は，出資者（株主）から事業資金を得て，営利事業を展開し，一定の事業年度の儲けを株主に分配する。会社に儲けが出なければ，株主は何ももらえない。

一定の事業年度で会社にどれだけの儲けが出たか，あるいは損失が出たかは，株主が経営を委託した経営者の能力を示すものでもある。経営成績がよければ，株主としては以後も経営を任せるし（329条），経営成績が悪ければ経営者を解任（339条）したり責任追及（423条）をすることになろう。また，会社の財政状態および経営成績によって，株主は会社にとどまるか，あるいは株式を譲渡して会社から離脱するかを決める。

株主がこれらの判断を的確に行うには，会社の財政状態と経営成績についての正確な情報が必要となるのである。

【2】 債権者の保護

　会社に事業資金を貸し付けたり，会社の事業活動に必要なものを売って会社に債権を有する会社債権者も，利益を得るために会社と取引をしている。ところが，株式会社では株主が間接有限責任しか負わないので（104条），会社債権者にとってあてにできるのは会社財産だけである。会社の財政状態および経営成績が分からないのでは，会社債権者としては安心して取引をすることはできない。会社債権者が，会社と安心して取引を続けるには，会社の財政状態と経営成績についての正確な情報が必要となるのである。

♪advanced♪　計算規定の役割は何か？

　計算規定の役割は，2つある。
　1つは，株主・会社債権者がそれぞれ会社との関係を適切に判断できるようにするための情報開示である。
　もう1つは，剰余金の分配規制である。
　すなわち，株主としては会社からの剰余金分配をできるだけ多く欲しがるであろう。しかし，会社の財産を根こそぎ株主に分配したのでは会社債権者としてはたまらない。株式会社では株主が間接有限責任しか負わないので（104条），会社債権者にとって担保となるのは会社財産だけである。そこで，株主と会社債権者との利害調整のため，株主に対する剰余金配当の分配可能額を定める必要がある。会社債権者の保護の観点から，株主に対して交付する金銭等の帳簿価額の総額は，当該行為がその効力を生ずる日における分配可能額を超えてはならない（461条1項）。また，会社法では，最低資本金の制度は廃止されたが，これに代わって純資産額による配当の制限がある。純資産額が300万円を下回る（300万円未満）場合には配当ができない（458条）。

【3】 会計帳簿

　会計帳簿（432条）とは，計算書類や附属明細書の作成の基礎となった仕訳帳，総勘定元帳などの帳簿のことである。

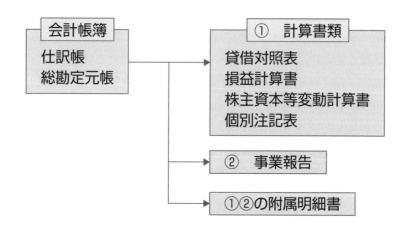

たとえば，帳簿の記帳を税金の申告時にまとめて行うといった適時性を欠いた場合には，つじつま合わせをするなど人為的に数字を操作するおそれがある。また，会計帳簿およびこれに基づいて作成される計算書類の適正を確保するには，会計帳簿を正確に作成する必要がある。そこで，会社法は，適時に，正確な会計帳簿を作成しなければならないとしている（432条1項）。

株主が経営者に対する監督是正権を適切に行使するには，会社経理についての情報に接近し，取締役に不正行為がないかを調査できなければならない。

しかし，会計帳簿の情報開示の要件は厳しい。会計帳簿の閲覧等の請求は，計算書類やその附属明細書の閲覧等の場合（442条3項）と異なり，一株の株主でも行使できる単独株主権ではない。一定の要件を満たす株主のみが行使できる少数株主権である（433条1項柱書）。これは，計算書類や附属明細書で得られる情報よりもより詳細な情報を得ることができることから，株主の権利の濫用（ex.会社荒らしの道具とされる）を警戒して少数株主権としたものである。

advanced 🎵 **単独株主権と少数株主権**

　株主の権利には，1株の株主でも行使できる「単独株主権」と一定の要件を満たす株主のみが行使できる「少数株主権」とがある。自益権（☞2章1節2）は，すべて単独株主権である。

　共益権の中で議決権は，単独株主権であるが，以下の図のように監督是正権には単独株主権と少数株主権とがある。共益権は，自益権と異なって，権利行使の結果が他の株主にも影響を与えるので，他に影響が大きく，濫用される危険のある株主権ほど行使の要件が厳格になっているのである。なお，以下の図は覚える必要はなく，共益権には単独株主権と少数株主権とがあることを理解しておけばよい。

〈公開会社の監督是正権〉

	行使要件 （議決権・株式数の要件）	保有期間 の要件	具体例
単独 株主権		なし	設立無効の訴権（828条1項1号），新株発行無効の訴権（828条1項2号），合併無効の訴権（828条1項7号8号），累積投票請求権（342条），募集株式発行差止請求権（210条），定款・株主名簿等の閲覧等請求権（31条2項，125条2項），総会議事録等閲覧等請求権（318条4項）
		行使前 6か月	代表訴訟提起権（847条），取締役等の違法行為差止請求権（360条，422条）
少数 株主権	総株主の議決権の100分の1以上 または 300個以上	行使前 6か月	株主提案権（303条，305条）
	総株主の議決権の100分の1以上	行使前 6か月	総会検査役選任請求権（306条）
	総株主の議決権の100分の3以上 または 発行済株式の100分の3以上	なし	会計帳簿閲覧等請求権（433条），検査役選任請求権（358条）
	総株主の議決権の100分の3以上	なし	取締役等の責任軽減への異議権（426条7項）
	総株主の議決権の100分の3以上 または 発行済株式の100分の3以上	行使前 6か月	役員の解任請求権（854条）
	総株主の議決権の100分の3以上	行使前 6か月	総会招集権（297条）
	総株主の議決権の10分の1以上 または 発行済株式の10分の1以上	なし	解散判決請求権（833条）

〔1〕 計算書類等の作成

〈計算書類等〉

貸借対照表	一定の時点（決算日）における企業の財政状態を明らかにしたもので，資産の部，負債の部，純資産の部に分かれる（計算規則73条）
損益計算書	当該事業年度に発生した利益または損失の発生原因を明らかにした上で，その年度における業績を明らかにしたもの
株主資本等変動計算書	事業年度における純資産の部の項目の変動の明細を示すもの
個別注記表	会社の財産・損益の状態を正確に判断するために必要な事項を記載する文書
事業報告	一定の事業年度中における事業の状況の概要を文章の形で記載した報告書
附属明細書	貸借対照表，損益計算書，事業報告の記載を補充する重要な事項を記載した文書

　株式会社には，各事業年度にかかる計算書類，事業報告，附属明細書の作成が義務づけられている（435条2項）。

　計算書類とは，貸借対照表，損益計算書その他株式会社の財産および損益の状況を示すために必要かつ適当なものとして法務省令(計算規則59条1項)で定めるもの（株主資本等変動計算書・個別注記表）をいう（435条2項かっこ書）。

〔2〕 計算書類の承認・確定のプロセス

　会社法の下での機関設計のあり方は，公開会社・非公開会社の座標軸と大会社・中小会社の座標軸によってさまざまである（☞1章1節3）。そこで，この会社の機関のあり方に応じて計算書類の承認確定のプロセスも異なっている。

① 計算書類の作成

取締役・執行役等による計算書類の作成（374条1項6項参照）。

② 会計監査人・監査役等の監査（非設置会社は，③へ）

会計監査人設置会社 （436条2項）	計算書類，その附属明細書	監査役（監査等委員会設置会社にあっては監査等委員会，指名委員会等設置会社にあっては監査委員会）および会計監査人の監査
	事業報告，その附属明細書	監査役（監査等委員会設置会社にあっては監査等委員会，指名委員会等設置会社にあっては監査委員会）の監査
監査役設置会社 （436条1項）	計算書類，事業報告，これらの附属明細書	監査役の監査

③ 取締役会による承認（非設置会社は，④へ）

取締役会設置会社では，②の監査を受けたものについて，取締役会の承認を受けなければならない（436条3項）。

なお，改正前商法では取締役会の承認が先行していたが，会社法では監査役等の監査が取締役会の承認に先行する。監査意見を踏まえて計算書類の適正を判断することが適切だからである。

④ 計算書類等の株主総会への提出・承認（438条1項2項）

計算書類と事業報告を定時株主総会に提出して（438条1項），計算書類については株主総会の承認を受け（438条2項），事業報告についてはその内容を報告しなければならない（438条3項）。

複雑な計算書類を，会計の専門的知識のない一般株主から構成される株主総会の決議にかからせることには無理がある。計算書類の承認が形式的なものとなり，かえって作成責任者である取締役の責任を曖昧なものにすることになりかねない。

そこで，会計監査人設置会社については特則が定められており，取締役会の承認を受けた計算書類が法令および定款に従い株式会社の財産および損益の状況を正しく表示しているものとして法務省令（→会社計算規則135条）で定める要件に該当する場合には，計算書類の定時株主総会における承認が不要であり，その内容を報告すれば足りる（439条）。

会社計算規則135条では，会計監査人による会計監査報告に無限定適正意見が記載され，監査役，監査役会，監査等委員会または監査委員会の監査報告に，会計監査人の監査方法・結果を相当でないとする意見がなく，取締役会を設置していること等が要件となっている。

【3】 計算書類等の情報開示

① 計算書類等の株主への提供（事前の直接開示）

取締役会設置会社では，定時株主総会の招集通知（299条2項2号3項）に際して，取締役会の承認を経た計算書類と事業報告，さらに監査が要求されている場合（436条1項2項）には監査報告・会計監査報告も含めて，株主に提供しなければならない（437条）。

② 計算書類等の備置き（事前の間接開示）

株式会社は，一定の期間，計算書類・事業報告・これらの附属明細書を本店に，その写しを支店に備え置かなければならない（442条1項1号2項1号）。株主と債権者は，会社の営業時間内は，いつでも，これらの情報の閲覧や交付を請求することができる（442条3項）。

③ 決算公告（事後の間接開示）

株式会社は，法務省令で定めるところにより，定時株主総会の終結後遅滞なく，貸借対照表（大会社にあっては，貸借対照表のほか損益計算書も）を

公告しなければならない（440条1項）。

　公告とは，新聞，官報など，あらかじめ定款で定めた方法（939条1項参照）により，一般に情報を開示することである。注意すべきは，公開大会社だけでなくすべての株式会社に決算公告が義務づけられている点である。債権者保護のためには，財政状態の情報開示が重要視されるからである。

🎼advanced🎵　情報の直接開示・間接開示

　情報の開示の仕方には，直接開示と間接開示の方法がある。
　　i　直接開示；情報の受け手に直接情報が送られる場合
　　ii　間接開示；情報の受け手が会社などの情報がある場所に出向いて情報を受け取る場合
　直接開示は，情報を必要としている者に直接情報が送り届けられる点で望ましいが，コストがかかるという難点もある。そのため，直接開示は必要不可欠な情報に限られることになる。

第2節 金融商品取引法による情報開示

1 投資者への情報開示の必要性

　金融商品取引法上の情報開示制度（証券の価値に関する情報を開示させる制度）は，投資者が投資判断をするために必要な情報を証券の発行者等に強制的に開示させる制度である。それは，内閣総理大臣への開示書類の提出，内閣総理大臣による受理，審査および公衆縦覧（公衆縦覧については，25条参照）という一連の手続からなっている。

　では，なぜ，そのような強制的な開示制度が必要なのだろうか。

　証券投資（ex.株式の売買）は，キャピタル・ゲイン（売買益）の獲得等のうまみを享受できると同時にリスクを伴う。証券投資には，投資の危険が当然に伴うものであり，投資者は，自己の判断で行った証券投資について，自らその利益を享受するとともに，損失を負担する。

　これを証券投資における自己責任の原則という。

　しかし，たとえば株式の価値は，それを発行する企業の事業内容や財政状態等に依存するが，一般投資者はそのような企業内容を知らないのが通常である。それでは，合理的な投資判断はできないし，証券会社の勧誘・助言を安易に信じたり，詐欺的な取引の犠牲となる危険も高い。また，強制開示がなければ，自分に都合のよい情報だけを開示するという弊害も生ずる。

　それゆえ，一般投資者が合理的な投資判断ができるようにするためには，投資判断に必要な企業内容に関する情報を強制的に開示するための仕組みが必要となる。

　金融商品取引法による情報開示制度は，有価証券の発行者の事業内容，財務内容等を正確，公平かつ適時に開示し，投資者の合理的な投資判断を可能とし，投資者保護を目的とした制度である。

　投資者の保護が図られれば，国民は安心して投資をすることができ，企業の資金調達が円滑になり，ひいては市場を通じた資源の効率的配分や経済の発展も期待できることになる。金融商品取引法1条が，同法の究極的な目的

として「国民経済の健全な発展及び投資者の保護」を挙げているのは，その意味である。

🎼advanced🎵 　公認会計士の役割とは何か

情報開示の書類に記載される財務計算に関する書類（財務諸表，連結財務諸表）は，その記載内容の真実性・正確性を担保するために，提出会社と特別の利害関係のない公認会計士または監査法人の監査証明を受けなければならない（金融商品取引法193条の2第1項）。この監査証明を行うのが公認会計士の主要な仕事であって，公認会計士は金融商品取引法における情報開示制度にとって不可欠の役割を担っている。それゆえ，金融商品取引法が企業法の一部として公認会計士試験の出題範囲に入っているのである。

[法令名略語]
- 表示なし＝金融商品取引法
- 施行令＝金融商品取引法施行令
- 定義府令＝金融商品取引法第2条に規定する定義に関する内閣府令
- 開示府令＝企業内容等の開示に関する内閣府令
- 公開買付府令＝発行者以外の者による株券等の公開買付けの開示に関する内閣府令
- 大量保有府令＝株券等の大量保有の状況の開示に関する内閣府令

金融商品取引法	政令＝金融商品取引法施行令	内閣府令
第1章　総則	第1章　総則	定義府令
第2章　企業内容等の開示	第2章　企業内容等の開示	開示府令
第2章の2　公開買付けに関する開示	第3章　公開買付けに関する開示	公開買付府令
第2章の3　株券等の大量保有の状況に関する開示	第3章の2　株券等の大量保有の状況に関する開示	大量保有府令

ただ，金融商品取引法はその内容が複雑なだけでなく，条文自体が長文で複雑であり，かつ具体的な取扱いを政令等の下位の法規（政令や内閣府令）に委任している事項がかなり多い。しかも，毎年世間を騒がせる事件があるたびに法改正が行われる。入門段階の勉強としては，発行開示・継続開示・株券等の大量保有の状況に関する開示・公開買付けに関する開示について，「なぜそのような投資情報の開示が必要か」という基本原則たる枠組みを理解すればよいだろう。

2　会社法の情報開示との関係

株式会社 ┬ 株式を上場していない会社：会社法の情報開示
　　　　　└ 株式を上場している会社 ┬ 会社法の情報開示
　　　　　　　　　　　　　　　　　　 └ 金融商品取引法の情報開示
　　　　　　　　　　　　　　　　　　　　：会社法の特則

	会社法	金融商品取引法
開示の目的	株主，会社債権者（社債権者を含む）の権利行使のため	投資者（株式，社債に投資しようとする者）の投資判断のために必要な情報開示
開示の対象	株主，会社債権者	投資者
開示の方法	〈間接開示〉 計算書類等の備置き（442条），決算公告（440条1項） 〈直接開示〉 株主への参考書類の交付（301条，302条），計算書類等の株主への提供（437条）	〈間接開示〉 有価証券届出書（5条），有価証券報告書等の提出（24条），公衆縦覧（25条） 〈直接開示〉 目論見書の交付（15条2項）

　金融商品取引法の保護の対象である投資者とは，投資判断を行おうとしている者である。会社法が保護の対象としている株主や社債権者よりも広い。しかし，会社法の情報開示も金融商品取引法の情報開示も，会社の利害関係人の利益を保護するための情報開示という点で，その理念は同じである。

そして，投資者保護を目的とした金融商品取引法の情報開示は，会社法の特則ということができる。

すなわち，株式会社が他の会社と異なるのは，大資本を結集することが可能な会社形態（新株発行を通じた返還する必要のない大資本の結集）だということである。現実には，株式会社の中でも東京証券取引所等の証券市場に株式を上場した上場会社だけが，株式会社の資本集中機能を効果的に利用することができる。金融商品取引法の情報開示は，上場会社に対する会社法の特則といえる（会社法440条4項参照）。

第3章
情報開示

3 規制の対象となる有価証券とは何か

　ⅰ　2条1項：有価証券にあたる「証券」
　ⅱ　2条2項：有価証券にあたる「権利」（みなし有価証券）

金融商品取引法上の有価証券は，その発行や流通などに関して，金融商品取引法の規制（ex.情報開示制度）が適用される証券・権利である。

つまり，金融商品取引法は，投資の対象となる商品（より高いリターンを期待してリスクをとるもの）を想定し，情報開示制度，相場操縦の禁止や内部者取引の禁止等の証券取引の公正を確保するための制度を設けている。有価証券概念は，投資者の保護という立法目的を達成するために規制されるべき行為は何かを画するために用いられている。

なお，2条には，さまざまな有価証券が列挙されているが，受験上は，その内容をすべて知る必要はない。公認会計士の主要な役割が，上場会社の有価証券報告書（☞3章2節1）に記載される財務計算に関する書類の監査証明にあることからすれば，会社法上の株式（株券）を念頭において情報開示を考えればよいだろう。

4　発行開示

〔1〕 発行開示の意味

　金融商品取引法第２章「企業内容等の開示」は，情報開示制度の中核をなす部分である。

　企業内容等の開示は，発行市場における開示制度（発行開示）と流通市場における開示制度（継続開示）とに分かれる。

```
                ┌─発行市場（募集・売出し）  →  発行開示
証券市場─────┤                          （有価証券届出書, 目論見書）
                └─流通市場  →  継続開示（有価証券報告書等）
```

　発行市場とは会社が株式や社債を発行して投資者から資金を調達する市場であり，流通市場とは既発行の株式や社債を売買する市場（∵投資者が株式を買ったり売ったりする）と一般に定義される。

　ただ，発行市場の規制には，既発行の証券の売出しも含まれる。募集（☞３章２節4-3①）も売出し（☞３章２節4-3②）も，多数人を相手に有価証券の一時かつ大量の売付けが行われる点では同じであり，投資者保護の観点から情報開示が要求されるからである。

　つまり発行市場とは，有価証券の一時かつ大量の売付け，すなわち募集・売出しが行われる市場を示す概念とみればわかりやすい。

　流通市場における開示とは，有価証券の募集・売出しが行われるか否かとは関係なく，一定の有価証券を継続的に流通させている会社に対する継続的な情報開示である（24条）。継続開示ともいう。既発行の有価証券の売買を行おうとする投資者にとって，流通市場での開示は投資判断に不可欠な情報となる。

【2】 発行開示の概要

　発行市場において，一般投資者に対して，投資判断に必要な情報を提供する制度が有価証券届出書の制度である。発行開示は，情報開示が実効性をもちうるよう一定の取引規制と組み合わされている。下の太線（時系列）の上の部分が情報開示の規制，下の部分が取引の規制である。

〈発行開示のタイムテーブル〉

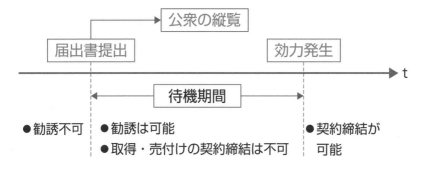

	情報開示の規制	取引の規制
①	有価証券の募集または売出しをするにあたっては、原則として、有価証券届出書を内閣総理大臣に提出してその届出をしなければならない（4条1項柱書本文）。 有価証券届出書には、有価証券情報、発行会社の企業内容等の情報が記載される（5条1項）。	募集または売出しの届出前には、募集または売出しをすること（∵勧誘行為を行うこと）が禁じられる（4条1項柱書）。 十分な情報に基づかないで、投資の意思決定が行われるのを防止するための規制である。
②	有価証券届出書は、公衆の縦覧に供される（25条1項1号）。	届出は、内閣総理大臣が届出書を受理してから原則として15日を経過した日に効力を生ずる（8条1項）。 届出をしてからその届出が効力を生ずるまでの期間（待機期間）は、勧誘行為を行うことはできるが、投資者との間で取得契約を締結してはならない（15条1項）。 待機期間は、①内閣総理大臣が届出書の記載内容を審査する期間として用いられるとともに、②開示された情報に基づき投資者が勧誘に応じて証券を取得するか否か熟慮させる期間を保障するための規制である。
③	有価証券を取得させまたは売り付ける場合には、目論見書をあらかじめまたは同時に交付しなければならない（15条2項）。 目論見書には、基本的に届出書と同じ情報が記載される（13条2項）。 目論見書を交付することによって有価証券届出書の情報が投資者に直接開示されることを意図したものである。	勧誘に際して、目論見書以外の資料を使用する場合には、虚偽の表示または誤解をさせる表示をしてはならない（13条5項）。

【3】 第1項有価証券の募集・売出し

　有価証券の新規発行・既発行の有価証券の売付けは、それが募集・売出しに該当する場合に、有価証券届出書・目論見書による強制的な情報開示が必

要となる（2条3項柱書，2条4項柱書，4条1項柱書本文）。投資者の合理的な投資判断を可能とするためである。

募集・売出しという概念が，有価証券の発行開示を要するか否かを決定する重要な概念である。

① 募集の意義

有価証券の募集に該当すると，情報開示義務が課される（4条1項柱書本文）。募集に該当しないものを私募という（2条3項柱書）。

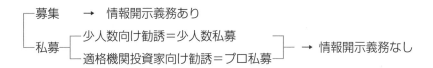

〈募集と私募の区別〉

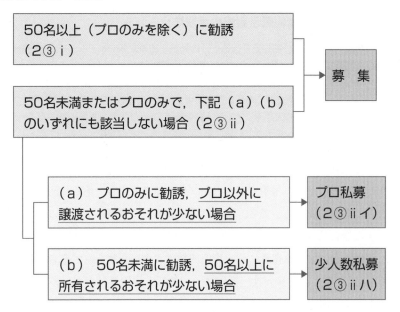

募集に該当するかどうかの判断基準として，勧誘対象者の人数を考慮する

人数基準と，勧誘対象者の属性を考慮する属性基準がある。

　まず，人数基準とは，50名を基準とする定義である。正確には，新たに発行される有価証券の取得の申込みの勧誘のうち50名以上の者を相手方として行う場合をいう（2条3項1号，施行令1条の5）。

　したがって，50名未満の者を相手方とする場合は，私募（少人数私募）となり情報開示義務は課されない。勧誘対象者が少人数に限られる場合は，大株主などの立場の強い者が相手方となるため，情報開示を強制しなくても必要な情報を直接入手できるからである。

♪ advanced　取得の申込みの勧誘とは

　取得の申込みの勧誘とは，たとえば新株発行をするにあたり，新株を買ってくれるよう誘うことである。勧誘行為には，文書を配る，株主等に対する増資説明会において口頭による説明をする，新聞，雑誌，立看板，テレビ，ラジオ等に広告を出すこと等が含まれる（開示ガイドライン4-1参照）。

♪ advanced　情報開示義務の潜脱防止

ⅰ　有価証券の発行を分割して1回あたりの勧誘を50人未満にすることで，情報開示義務を回避するおそれがある。そこで，過去3か月以内の勧誘は合算する（2条3項2号ハかっこ書，施行令1条の6）。いわゆる「3か月通算」ルールである。

ⅱ　さらに，証券が転売されるおそれがある場合には，情報開示制度の尻抜けが生じてしまう。たとえば，10人がそれぞれ10人に転売すれば100人が証券を取得することになる。そこで，私募というには多数の者に所有されるおそれが少ない場合に限られる（2条3項2号ハ）。

　次に属性基準とは，相手方が素人かプロかによる定義である。50名以上を相手方とする勧誘であっても，適格機関投資家（つまりはプロ）のみを相手方とする場合には募集にあたらない（2条3項2号イ）。適格機関投資家とは，有価証券に対する投資に係る専門的知識および経験を有する者（2条3項1号），たとえば証券会社，投資法人，銀行，保険会社など，多額の資金を預かって運用する業者のことである。

　勧誘対象者が投資について専門的知識を有するプロか否かという属性（能

力）によって，募集（⇔プロ私募）に該当するかどうかを判断するので，属性基準と呼ぶ。

　プロ私募にあたる場合に情報開示義務を課さないのは，適格機関投資家はその有する専門的知識および経験に基づいて投資判断をすることが可能であるから，一般投資者の場合と同様の情報開示による保護の必要性はないからである。

> **♪advanced♪ 情報開示義務の潜脱防止**
>
> 　ここでも転売による潜脱の危険がある。そこで少人数私募と同じように，プロ私募は適格機関投資家以外の者に譲渡されるおそれが少ないものに限られている（2条3項2号イ）。

② 売出しの意義

　有価証券の売出しとは，既に発行された有価証券の売付けの申込みまたはその買付けの申込みの勧誘（＝売付け勧誘等）のうち，①多数の者（2条4項1号，施行令1条の8で50名以上）を相手方として行う場合，および②私売出し（2条4項2号）に該当しない場合をいう（2条4項柱書）。

> **♪advanced♪ 売付けの申込み，買付けの申込みの勧誘とは何か**
>
> 　契約は申込みと承諾により成立する。「有価証券の売付けの申込み」とは，売買契約を締結しようとする申込み（ex.株券を売りますという意思表示）を意味する。「有価証券の申込みの勧誘」とは，投資者側の「有価証券の買付けの申込み」を勧誘することである。

　　┌ **募集**：新規発行（→ただし，自己株式の処分は募集に該当する）
　　└ **売出し**：既発行

　売出しは，募集とは異なり，既発行の有価証券を，公衆に向かって一時的に，かつ，大量に売りさばこうとするものである。しかし，募集と同様，広く一般の投資者に有価証券を販売する場合には，投資者が適切な投資判断を行うために必要な情報が開示される必要がある。そこで，金融商品取引法は，

売出しにかかわる勧誘を行う場合に，発行者に情報開示義務を課している（4条1項柱書本文）。

〈売出しと私売出しの区別〉

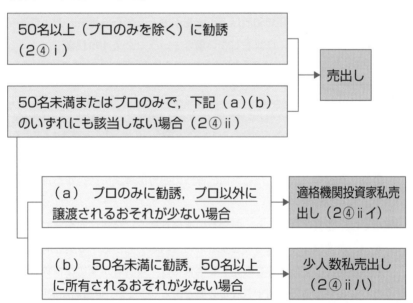

50名以上（プロのみを除く）に勧誘（2④ⅰ）

50名未満またはプロのみで，下記（a）（b）のいずれにも該当しない場合（2④ⅱ）

売出し

（a）　プロのみに勧誘，プロ以外に譲渡されるおそれが少ない場合

適格機関投資家私売出し（2④ⅱイ）

（b）　50名未満に勧誘，50名以上に所有されるおそれが少ない場合

少人数私売出し（2④ⅱハ）

　有価証券を新たに発行する場面（＝募集）では，情報開示義務が課されない場合として，取得勧誘の相手方の属性や人数を基準とするプロ私募や少人数私募の制度が設けられている（☞3章2節4-3①）。

　従来，私募に対応する私売出しという制度はなかったが，売出しの定義の見直しをした平成21年改正法は私売出しの制度を新設した。私売出しの基本的な考え方は，私募と同様である。

　たとえば既発行の有価証券の販売勧誘を少数（＝50名未満）の者を相手に行う場合には，少人数私募の場合と同様，相対で勧誘を行う者から投資判断に必要な情報を直接入手することが可能である。そこで，少人数私募と同様，開示規制（＝有価証券届出書の提出義務）が免除される（2条4項2号ハ）。

♪advanced♪　人数通算規定

　有価証券の売付け勧誘等を分割して1回あたりの勧誘を50名未満にすることで，情報開示義務が潜脱されるおそれがある。そこで，情報開示義務の潜脱を防止するために人数通算規定が設けられている（2条4項2号ハかっこ書，施行令1条の8の3）。

　つまり，売付け勧誘等の勧誘者（ex.20名を対象）に当該売付け勧誘を行う日以前1か月以内に行われた同一種類の他の有価証券の売付け勧誘等の勧誘者数を合計した人数が50名以上となる場合（施行令1条の8の3）は，少人数私売出しには該当しない。その結果，今回の売付け勧誘等（ex.20名を対象）は，有価証券の「売出し」となり，情報開示（＝発行者による有価証券届出書の提出）義務が生ずることになる。

　さらに，少人数私売出しの要件として，少人数私募と同様，証券が転売を通じ多数の者に所有されるのを防ぐため，当該有価証券がその取得者から「多数の者に所有されるおそれが少ない」ものとして政令で定める場合に該当する必要がある（2条4項2号ハ，施行令1条の8の4）。

　なお，少人数私売出しの対象となるのは，国内で少人数私募で発行された有価証券や外国で既に発行された有価証券（＝国内において情報開示が行われていない）である。国内で募集（2条3項1号2号）により発行された有価証券は，少人数私売出しの対象とはならない。一般投資家保護の観点から情報開示が行われているし（4条1項本文），また，多数の者に販売されており，「多数の者に所有されるおそれが少ない」場合（2条4項2号ハ，施行令1条の8の4）に該当しないからである。

　注意を要するのは，有価証券届出制度において，届出義務を負う者は，募集・売出しをしようとする有価証券の発行者であるという点である（4条1

項柱書本文）。売出しの場合には，募集の場合と異なって，資金を取得するのは売出人であって発行者ではない。それなのに「発行者」が届出義務者とされているのは，有価証券届出制度により開示が求められる企業内容に関する情報を有するのが発行者であるため，発行者でなければ投資者保護上十分な情報の記載ができないからである。

【4】 有価証券届出書の方式

　有価証券届出書の記載の仕方には，完全開示方式（通常方式）とそれ以外の簡易な方法（組込方式，参照方式）がある。

　有価証券届出書には，原則として，次の事項を記載しなければならない（5条1項）。

> i 当該募集または売出しに関する事項（証券情報）
>
> ii 当該会社の商号，当該会社の属する企業集団および当該会社の経理の状況その他事業の内容に関する重要な事項（企業情報）
>
> iii その他の公益または投資者保護のため必要かつ適当なものとして内閣府令で定める事項

　これをすべて記載するのが，完全開示方式（通常方式）である（5条1項，開示府令8条1項）。基本は完全開示方式であり，要求されるすべての情報開示を行うものである。

　しかし，継続開示のために作成しなければならない有価証券報告書にも届出書と同じような事項を記載しなければならないので（☞3章2節5-2①），完全開示方式だと重複する内容が多くなる。

　たとえば，すでに継続開示を行っている会社が追加的に証券を発行しようとする場合，同じ情報をさらに開示する必要はないばかりか，かえって無駄である。そこで，重複した項目の多い有価証券届出書と有価証券報告書との統合・調整が行われ，組込方式と参照方式の導入により発行開示手続が簡素化されている（統合開示または結合開示という）。

♪ advanced ♪ **組込方式と参照方式**

組込方式とは，直近の有価証券報告書等の写しを綴じ込む方法により作成する方式である。

証券情報については，発行の都度その内容が異なるので，有価証券届出書に直接記載しなければならない。しかし，企業情報については，直近の有価証券報告書とその添付書類およびその提出以後に提出される四半期報告書または半期報告書とその訂正報告書の写しを組み込み，かつ当該有価証券報告書提出後に生じた重要な事実を追完情報として記載することにより，直接の記載に代えることができる。すでに1年間継続して有価証券報告書を提出している会社は，組込方式を利用することができる（5条3項，開示府令9条の3）。

参照方式とは，証券情報は有価証券届出書に直接記載しなければならないが，企業情報については直近の有価証券報告書とその添付書類ならびにその提出後に提出した四半期報告書または半期報告書および臨時報告書を参照すべき旨を記載するだけで企業情報の記載をしたものとみなす方式である（5条4項，開示府令9条の4）。

参照方式を利用できるのは，次の i ii の要件を満たした会社である（5条4項）。上場会社の株式の発行は,そのほとんどが参照方式によっている。

　i　1年以上継続して有価証券報告書を提出していること

　ii　その会社に関する企業情報が既に公衆に広範に提供されているものとして，内閣府令で定められた基準に該当すること（周知性要件）

5　流通市場における開示

【1】制度の趣旨

流通市場とは，投資者がすでに発行された有価証券（ex.株式）を売買する市場である。投資者が既発行の有価証券の売買に参加する際に，証券の価値を判断するために最も重要なのは，証券を発行した企業の財政状況や経営成績などの情報である。

しかし，企業の自発的な情報開示だけに委ねていたのでは，自己にとって有利な情報のみを開示したり，意図的に虚偽の情報を流すことによって，投資者の判断を誤らせようとするおそれもある。

そこで，金融商品取引法は，一定の流通性のある有価証券の発行者（ex.取引所に上場されている有価証券の発行会社）に対して，流通市場に向けて

財務内容や事業内容等を定期的・継続的に開示することを義務づけている（24条1項）。

【2】 開示書類

　継続開示は，有価証券報告書，四半期報告書または半期報告書，および臨時報告書を内閣総理大臣に提出することによってなされる（24条以下）。

① 有価証券報告書

　有価証券報告書は，事業年度経過後3か月以内（3月決算の会社なら6月末まで）に内閣総理大臣に提出するのが原則である（24条1項柱書本文）。

　有価証券報告書には，事業年度ごとに当該会社の属する企業集団および当該会社の経理の状況その他事業内容に関する重要な事項が記載される（24条1項）。

🎼advanced🎵　確認書・内部統制報告書の導入

　平成16年秋以降，西武鉄道による有価証券報告書の虚偽記載問題やカネボウの旧経営陣による粉飾決算など情報開示をめぐる不正事件が相次いだ。これらの事件では，経営者の法令遵守に対する意識の欠落や内部統制が有効に機能していないとの批判がなされた。

　そこで，平成18年改正によって，有価証券報告書の記載内容にかかる確認書の提出（24条の4の2）および財務計算に関する書類その他の情報の適正性を確保するための体制の評価制度の整備（内部統制報告書の提出，24条の4の4）が図られた。

　まず，上場会社その他の政令で定めるものは，有価証券報告書の記載内容が金融商品取引法に基づき適正であることを確認した旨を記載した確認書を当該有価証券報告書と併せて内閣総理大臣に提出しなければならない（24条の4の2第1項）。それ以外の有価証券報告書の提出会社は，任意に確認書を提出できる（24条の4の2第2項）。

　そして，上場会社その他の政令で定めるものは，事業年度ごとに，当該会社の属する企業集団および当該会社にかかる財務計算に関する書類その他の情報の適正性を確保するために必要な体制について評価した報告書（内部統制報告書）を有価証券報告書とあわせて内閣総理大臣に提出しなければならない（24条の4の4第1項）。内部統制報告書は，公認会計士または監査法人の監査証明を受けなければならない（193条の2第2項）。それ以外の有価証券報告書の提出会社は，任意に内部統制報告書を提出できる（24条の4の4第2項）。

---

② 四半期報告書・半期報告書

有価証券報告書は，1年決算会社では年1回しか提出されないため，情報の適時性という観点からは，それのみでは投資判断の資料として不十分であるともいえる。そして，近年，企業を取り巻く経営環境の変化は激しく，企業業績も短期間のうちに大きく変化するようになった。

そこで，平成18年改正によって，企業業績などをより適時に開示する要請に応えようと，四半期報告制度が導入された（24条の4の7）。ただし，内閣総理大臣に対して四半期報告書の提出を強制されるのは，上場会社その他の政令で定めるもの（上場会社等）に限られる（24条の4の7第1項）。それ以外の有価証券報告書の提出会社は任意に四半期報告書を提出できる（24条の4の7第2項）。

四半期報告書を義務づけられた会社・任意に提出した会社以外の会社は，年1回の有価証券報告書に加え，半期報告書の提出が義務づけられている（24条の5第1項）。

③ 臨時報告書

臨時報告書は，投資判断に重大な影響を及ぼすべき一定の重要な事実が発生した場合，有価証券報告書または四半期報告書・半期報告書の提出を待たずに，その内容を開示することが，投資者の適時・的確な判断に必要であることから認められた制度である（24条の5第4項）。

6 公開買付けに関する開示

【1】公開買付けの意義

公開買付けとは，不特定かつ多数の者に対し，公告により株券等の買付け等（買付けその他の有償の譲受けをいう）の申込みまたは売付け等（売付けその他の有償の譲渡をいう）の申込みの勧誘を行い，取引所金融商品市場外で株券等の買付け等を行うことをいう（27条の2第6項）。

公開買付けについては，情報の開示や（☞3章2節6-3），買付けの際に株主を平等に扱うための取引のルール（☞3章2節6-4）が定められている。

【2】 公開買付け強制の趣旨

　金融商品取引法は，27条の2第1項1号～6号に該当する場合には，必ず公開買付けによらなければならないとしている（27条の2第1項柱書本文）。

　その趣旨は，会社支配権に影響を与えるような取引等が行われる場合に，投資者にあらかじめ情報開示を行うとともに，株主に平等に株券等の売却の機会を与えることにある。すなわち，取引所金融商品市場での取引は透明性が確保されているし，競争売買によって行われるので，投資者は公正・平等に扱われる。これに対し取引所金融商品市場外での取引は，とかく取引の実態が不透明になりがちであるし，また支配権の獲得を目的として買付けが行われるときは，株価に大きな影響を与える。そして，支配株式取得には市場価格を上回る価額（プレミアム）が提供されるのが通例である。

　そこで，金融商品取引法は，投資者が情報に基づいた合理的な判断をなしうるよう公開買付者に情報の開示を強制するとともに，買付けの際に株主に平等にプレミアム付で株券等の売却の機会を与えるために，公開買付けのルールを定めているのである。

対象となる会社は，株券等について有価証券報告書の提出義務のある会社である（27条の2第1項）。

♪advanced♪ 公開買付けにおける情報開示義務

　法は，公開買付けを行う者に対して，買付けの目的，買付期間，買付数量，買付価格等どのような公開買付けがなされるかという内容の開示を義務づけている（27条の3第1項2項参照）。

　買付者が開示すべき事項は，大量保有者（5%ルール☞3章2節7）に比べると，その内容が詳細になっている。公開買付けは，不特定多数の者に有価証券を取得させるように勧誘する点において，有価証券の発行である募集や売出しに対応する。投資者（株主）に対して，買付けに応じるか，保有しつづけるか，市場で売却すべきかどうかの判断材料を提供し，募集や売出しと同様に投資者保護のために特別の開示がなされるのである。

【3】公開買付けの開示規制

　公開買付けが行われることを投資者に知らせ，公開買付けに応ずるか否かを判断する機会を全株主に平等に与えるため，公開買付者は，公開買付届出書等のさまざまな書類の届出等を義務づけられている。

　提出された公開買付届出書，公開買付撤回届出書，公開買付報告書，意見表明報告書，対質問回答報告書は，広く公衆の縦覧に供される（27条の14第1項）。

① 公開買付開始公告・公開買付届出書の提出による情報開示

　公開買付者は，その目的，買付け等の価格，買付予定の株券等の数，買付け等の期間を公告しなければならない。そして公告を行った日に同じ内容の公開買付届出書を内閣総理大臣に提出しなければならない（27条の3第2項）。

　これは，対象会社の株主に公開買付けが行われることを周知させ，公開買付けに応ずる機会を全株主に平等に与えるためである。

②　公開買付説明書

　公開買付者は公開買付説明書を作成し，これを売り手に交付しなければならない（27条の9第1項，27条の9第2項）。公開買付説明書の交付は，公開買付けよりも先か同時に行わなければならない（公開買付府令24条4項）。公開買付説明書の交付は，目論見書の交付（15条2項）と同様（☞3章2節4-2），情報の直接開示である。

③　対象会社の意見表明報告書

　公開買付けの対象会社の経営陣が，公開買付けに対してどのように考えているかは，株主が公開買付けに応ずるべきか否かを判断するうえで極めて重要な情報である。そこで，平成18年改正により，投資判断の情報を豊富にするため，意見表明報告書の義務化が図られた。

　対象会社は，一定の期間内に意見表明報告書を内閣総理大臣に提出しなければならない（27条の10第1項）。

④　公開買付報告書

　公開買付けの結果も証券市場の価格形成に大きな影響を及ぼす情報である。そこで，結果についても公告するか公表し（27条の13第1項），公開買付報告書を内閣総理大臣に提出しなければならない（27条の13第2項）とされ

ている。

【4】 公開買付けと取引規制

① 公開買付期間の制限

公開買付期間は，20営業日以上60営業日以内と定められている（27条の2第2項，施行令8条1項）。「営業日」とは，役所（ex.県庁，市役所）の休日を除いた日である。20営業日以上とは，株主が公開買付けに応ずるべきかどうかを熟慮する期間が必要だからであり，60営業日以内とは，公開買付けに応じた者を長期間不安定な地位に置くことを防ぐことを目的とする。

② 買付価格の均一

買付価格は均一の条件でなければならない（27条の2第3項）。公開買付けに応募する株主が平等に扱われるようにするためである。

③ 別途買付けの禁止

公開買付者は期間中，公開買付けによらないで株券等を買い付けることが原則として禁止される（27条の5柱書本文）。公開買付け以外の方法で買付けを行うならば，株主間に不平等が生じるからである。たとえば，特定の大株主から高い価格で買い付けるときには，公開買付けに応じた他の株主に不利益をもたらす。

④ 買付条件等の変更の制限

買付条件等の変更を行うことは，原則として自由である（27条の6第2項）。

ただし，買付け等の価格の引下げ，買付予定の株券等の数の減少，買付け等の期間の短縮などの条件変更はできない（27条の6第1項）。これらを認めると，応募株主にとって不利な結果となり，場合によって相場操縦にも利用され，投資者の利益を侵害する危険性が大きいからである。

⑤　公開買付けの撤回等の制限

　公開買付者は，公開買付開始公告をした後は原則として撤回できない（27条の11第1項本文）。自由に撤回できることにすると，安易な公開買付けが行われ，ひいては株価操作その他の不正な行為に利用されるおそれがあるからである。

⑥　受渡し・決済

　公開買付者は，原則として申込株券については全部買付けをしなくてはならない（27条の13第4項）。もちろん，撤回のとき，応募が予定数に満たないときや応募が予定数を超えるときは別である。

　特に，応募が予定買付数をオーバーした場合には，あん分比例方式によって買い付けることになっている（27条の13第5項，公開買付府令32条）。

♪advanced♪ あん分の趣旨と全部買付義務の導入

　全部買付義務は，公開買付者に多大のコストを強いることになり，企業買収を抑制する結果となる。そこで，あん分比例方式がとられている。

　しかし，買付後の所有割合が3分の2以上になると，その会社は上場廃止の危険が生じ，残された零細株主は買付者に売り付ける以外に投下資本回収の道がなくなる。そこで，零細株主保護のため，所有割合が3分の2以上の場合には例外的に全部買付義務が導入されている（27条の13第4項）。

---

7 株券等の大量保有の状況に関する開示

【1】 制度の趣旨

　会社の大株主として誰が存在するかは，会社経営の将来を判断するうえで重要な情報である。投資者にとって，株式の大量保有状況は会社の支配権にかかわる重要な投資情報であり，株価に大きな影響を与える。

　そこで，金融商品取引法は，会社の支配や株価に大きな影響を及ぼすであろう大量保有状況の開示を義務づけている（5％ルール）。

【2】 開示規制

① 大量保有報告書

　上場会社の株券等の保有割合が5％を超える保有者（大量保有者）は，所定の書式にしたがって，保有することとなった日から5営業日以内に内閣総理大臣に大量保有報告書を提出しなくてはならない（27条の23第1項）。この情報公開の要請は，5％の保有数を超えたときになされるため，5％ルールと呼ばれる。

♪advanced♪ 対象となる有価証券

　対象となる有価証券は，株券，新株予約権付社債券その他の政令（施行令14条の4第1項参照）で定める有価証券（株券関連有価証券）である（27条の23第1項，27条の23第2項）。

5％ルールで問題になるのは，大量保有による会社の支配権への影響である。それゆえ，大量保有開示制度によって開示させられる事実は，株式保有の事実だけでなく，会社支配権への変動をもたらしうる地位を有する可能性の高い事実も含まれ，株式に転化しうる有価証券（ex.新株予約権，新株予約権付社債券等の潜在的株式）も規制の対象となる。

その反面，株主総会における議決権をまったくもたない株式（無議決権株式，会社法108条1項3号，108条2項3号参照）は，規制の対象とはならない。

② 変更報告書

株券等の大量保有状況の変更は，会社の支配や株価に大きな影響をもたらすから，保有状況の変更についても迅速な情報開示が求められる。

そこで，大量保有者は株券等保有割合が1％以上増加・減少した場合などには，5営業日以内に変更報告書を内閣総理大臣に提出しなければならない（27条の25第1項）とされている。

第**4**章

組織再編

　企業が国内外の競争を勝ち抜き，生き残るためには，企業の規模を拡大したり，縮小したりする必要に迫られる場合がある。そのための手段として，会社法が用意しているのが合併，会社分割，株式交換・株式移転，事業譲渡といった企業再編の制度である。

　合併など企業再編についての規定は複雑だが，基本的には企業の所有者である株主の保護を図るための手続と，会社債権者の保護を図る手続とからなっている。

　理解するためのポイントは，3つある。

　第1は，各制度の効果（会社の積極・消極財産のどこが動くか，動かないか）を押さえること。つまり，各制度の効果から遡って考えると手続も分かりやすい。

　第2は，効果の観点（どういう影響が株主や会社債権者に及ぶのか）から，株主保護のための手続と債権者保護のための手続の必要性の有無を押さえること。合併，会社分割，株式交換・株式移転といった会社の基礎的変更は，株主に重大な影響を及ぼすことから，原則として株主総会の特別決議が要求されている。さらに，会社債権者にも重大な影響を与えるときには，債権者を保護するための手続が要求されている。

　第3は，株主保護と債権者保護の観点から各制度の違いを比較することである。

```
                          ┌ あり → 株主保護のための手続
                          │        原則：株主総会の特別決議
     ┌ 株主の利害に重大な影響 ┤        反対株主の株式買取請求権
     │                    └ なし
     │
     └ 会社債権者の利害に重大な影響 ┌ あり → 債権者保護のための手続
                               └ なし
```

　制度の基本は，合併である。合併の効果・手続を理解すると他の制度の理解が容易になる。

　以下，貸借対照表を積み木に見立てて模した図で説明する。模式図の意味は次のとおりである。

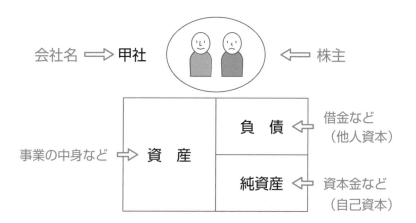

　合併ではこの図が2つ登場し，1つになる。ただし，あくまで模式図であるので，合併によって会計上それぞれが単純に合算されるわけではない。全体像をイメージしてほしい。

🎼 advanced 🎵 **条文の配置に注意しよう**

会社法第5編の組織再編を考える際には，条文の配列に注意すると良い。

定義	2条26号〜2条32号の2	たとえば，組織変更（2条26号）とは何か，吸収合併（2条27号）とは何かは，定義を見れば分かる。
契約・計画の作成，内容効力発生	第5編第1章〜第4章（743条〜774条の11）	組織再編行為をするに際して，会社が決めるべきことが規定されている。また，効力発生時期について，定められている。
手続	第5編第5章（775条〜816条の10）	吸収型再編（吸収合併，吸収分割，株式交換），新設型再編（新設合併，新設分割，株式移転）のそれぞれに必要な手続について規定されている。

1 ▶ 合　併

【1】合併の意義

　合併は，複数の会社が契約により1つの会社に合体するものであり，吸収合併と新設合併とがある。

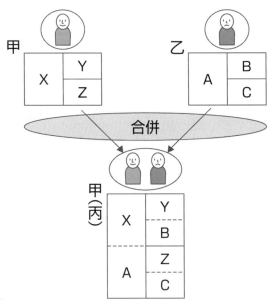

甲社と乙社がひとつになる。甲社が残るのを吸収合併，
丙社を新設するのを新設合併という。

　吸収合併とは，合併により消滅する会社の権利義務の全部を合併後存続する会社に承継させるものをいう（2条27号）。たとえば，甲乙2つの会社のうち甲会社が乙会社の全財産を吸収して存続し，乙会社は解散・消滅する場合である。

　新設合併とは，合併により消滅する会社の権利義務の全部を合併により設立する会社に承継させるものをいう（2条28号）。たとえば，甲乙2つの会社が解散し，同時に新会社丙を設立して，丙会社に甲乙会社の全財産を収容

する場合である。

　実際には，吸収合併の方法が多く利用されている。新設合併は新会社を設立することになるので，事業を行うのに許認可や免許を必要とする業種では，新設会社について改めて申請しなければならないとか，証券取引所への上場も改めて申請しなければならないなど，面倒なことが生ずるからである。

【2】合併の効果

①　権利義務の包括承継

　合併により，存続会社または新設会社は，消滅会社の権利義務を包括的に承継する（吸収合併：2条27号，750条1項，752条1項。新設合併：2条28号，754条1項，756条1項）。

　消滅会社の権利義務は，すべて一括して存続会社（または新設会社）へと法律上当然に移転され，個々の権利義務につき個別の移転行為を要しない（包括承継あるいは一般承継という。174条，608条等参照）。

🎼 **advanced** 🎵　**包括承継・一般承継とは何か**

包括承継・一般承継 （相続，合併）	全財産（債務も含めて）を一括して移転する場合をいう 　→　個々の財産の移転手続は不要
特定承継・個別承継 （売買契約）	契約で定められた個々の権利を移転する場合をいう 　→　個々の財産の移転手続が必要

　たとえば，甲がAに1,000万円債務を負っているとする。甲が債務者から抜けて乙が債務者になることを免責的債務引受という（民法472条）。この場合，甲は債務者ではなくなり，乙が債務者となるので，Aは乙に対してしか支払を求めることができない。

　甲と乙との契約で免責的債務引受を行うには，債権者Aの同意が必要である。なぜなら，誰が債務者かによって弁済の資力が異なるので，債権者の意思を無視することはできないからである。甲は何億も持っているが，乙は全財産が100万円しかない場合，いずれが債務者かでAの1,000万円の債権の値打ちは大きく異なるのである。

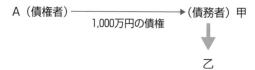

これに対して，相続（民法896条本文）や合併（2条27号28号）といった包括承継・一般承継では，権利（プラスの財産）だけでなく義務（マイナスの財産である債務）も当然に移転する。債権者の同意の有無にかかわらない。そこで，合併では，債権者保護のための手続が必要となってくる。

このように通常の取引行為と違った効果が認められるので，売買等の通常の「取引行為」に対して合併，会社分割，株式交換・株式移転を「組織法上の行為」という場合がある。

② 合併対価の交付

たとえば，A株式会社とB株式会社とがA会社を存続会社とする吸収合併をする場合，消滅会社であるB会社の株主にはその株式に代わる対価として，合併契約の定めに従い金銭等が交付される（749条1項2号）。合併の対価が存続会社の株式である場合には，消滅会社の株主は持株数に応じて存続会社の株式の割当てを受け，存続会社の株主となる。

♪advanced♪ 合併対価の柔軟化

吸収型再編（吸収合併，吸収分割，株式交換）
　　：対価の柔軟化＝金銭その他の財産
新設型再編（新設合併，新設分割，株式移転）
　　：対価＝新設会社等の株式

会社法は，吸収型再編をする場合において，金銭その他の財産を交付することを認めている（749条1項2号，751条1項3号，758条4号，760条5号，768条1項2号，770条1項3号）。これは，いわゆる三角合併（存続会社が消滅会社の株主に対して，存続会社自身の株式ではなく，存続会社の親会社の株式を交付する方法→800条参照）や交付金合併（現金のみを対価とする吸収合併）を可能とするためである。

他方，新設型再編の場合は，合併対価の柔軟化は認められておらず，必ず新設会社の株式を交付しなければならない（753条1項6号7号，763条1項6号7号，773条1項5号6号）。そうでないと，新設会社の設立当初から社員がいないという事態が生じてしまうからである。

③　合併当事会社の一部または全部の解散・消滅

　合併により，吸収合併の場合には当事会社の一部が，新設合併の場合には当事会社の全部が，解散する（471条4号）。

　しかも，一般の解散の場合と異なり，清算は行われない（475条1号かっこ書）。消滅会社は，解散すると同時に消滅する。なぜなら，①②の結果として，消滅会社には清算すべきものは何も残らないからである。

【3】株主・会社債権者の保護の必要性と合併手続

　合併の効果は大きく3つある。これらの効果の帰結として，株主や債権者を保護する手続が必要となる。

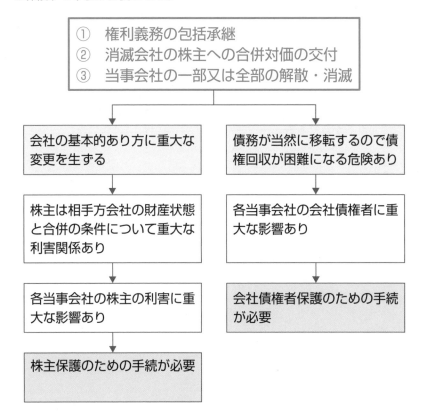

消滅会社の株式数とこれに対して与える存続会社または新設会社の株式の数の比率（たとえば，消滅会社の株式2株に対して存続会社の株式1株を与える）を合併比率といい，この合併比率は合併契約で定められる（吸収合併：749条1項2号3号，新設合併：753条1項6号7号）。合併比率に株主は重大な利害を有しており，これが合併条件の中心である。

　他方，合併により債務も当然に移転するので，会社債権者にとっては，債務者たる会社が財産状態の悪い会社と合併をすると債権の回収が困難になる危険がある。

　そのため，合併をするには，各当事会社の株主の保護のための手続と会社債権者保護のための手続が必要となる。この債権者保護のための手続を会社法は「債権者保護（異議）手続」と呼んでいる（789条，799条，810条）。

　この株主保護のための手続（株主総会の承認決議，反対株主の株式買取請求権）と会社債権者保護のための手続について，会社法は，時間的な先後関係を定めずに並行的に行うことを可能としている。合併等の組織再編行為の効力が発生するまでに，株主や債権者保護に必要な手続が終了していれば，それで足りるからである。

〈株式会社どうしが吸収合併し，存続会社が株式会社である場合の手続〉

合併契約の締結（748条，749条）

↓

合併契約の事前備置き
消滅する会社：782条
存続する会社：794条
〈重要な情報の事前開示　→　株主・債権者のため〉

↓

株主総会の承認
消滅する会社：783条
存続する会社：795条
反対株主の株式買取請求
消滅する会社：785条〜
存続する会社：797条〜
債権者保護（異議）手続
消滅する会社：789条
存続する会社：799条

↓

効力発生（750条1項）

↓

登記（750条2項）

↓

吸収合併に関する書面の作成・備置き・閲覧等：801条
〈事後の情報開示　→　無効の訴えの判断資料のため〉

第**4**章　組織再編

　新設合併の手続も，効力発生時期が違うだけで吸収合併と同じである。吸収合併は，合併契約で定めた効力発生日に効力が発生する（750条1項，752条1項）。合併登記のときに効力が発生するのではない（なお，750条2項，752条2項参照）。これに対し，新設合併は，新たに設立する会社に対して消滅会社の権利義務を移転するので，新設合併の効力発生は新設会社の設立登記の日である（49条，754条1項参照）。

　　i　合併契約の締結（748条，753条）

　　ii　合併契約の事前備置き（803条）

　　iii　株主総会による承認（804条），

　　　　株式買取請求（806条～），債権者保護（異議）手続（810条）

　　iv　登記（新設合併の効力発生。49条，754条1項）

　　v　合併に関する書面の作成・備置き・閲覧等（815条）

2　会社分割

【1】分割の意義

　会社分割は，株式会社または合同会社がその事業に関して有する権利義務の全部または一部を他の会社に承継させるものである。会社分割は，①複数の事業部門をかかえる会社が，経営の合理化を図るために，採算の合わない事業部門を分離するような場合や，②グループ企業間で重複する事業を整理統合するような場合に用いられる。

　会社分割には，既存の会社に事業を承継させる吸収分割（2条29号）と，新たに設立する会社に事業を承継させる新設分割（2条30号）とがある。

〈会社分割（吸収分割）による事業再編〉

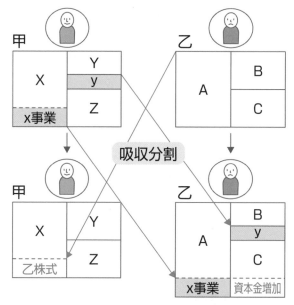

乙社は，X事業の対価として新株を発行し，甲社にそれを割り当てている。

〈会社分割（新設分割）による事業再編〉

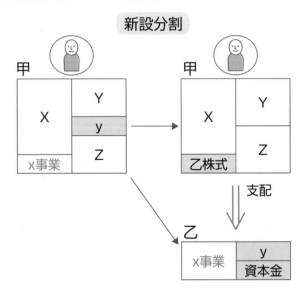

甲社の x 事業を切り離し，乙社として独立させる。
乙社の株主は甲社 1 人である。

【2】 分割の効果

　たとえば，甲会社（吸収分割株式会社）が，吸収分割によって，X事業部
門を既存の乙会社に移す場合，分割契約（758条 2 号）の定めに従い分割会
社の権利義務が乙会社（吸収分割承継株式会社）に承継される（759条 1 項）。
また，新設分割によって，甲会社（新設分割株式会社）が新たに設立される
乙会社（新設分割設立株式会社）にX事業を移転させる場合，分割計画
（763条 1 項 5 号）の定めに従い甲会社の権利義務が乙会社に承継される
（764条 1 項）。

　この会社分割による権利義務の承継は，合併の場合と同様に個々の権利義
務につき個別の移転行為を必要としない。債務も，原則として債権者の承諾
なくして免責的に承継される。

　注意すべきは，承継される権利義務の範囲が分割契約・分割計画によって決められる，つまり選別されるという点である。

　そして，分割の対価として分割会社が承継会社・新設会社の株式の交付を受け（758条4号イ，763条1項6号），承継会社・新設会社の株主となる。ただし，吸収分割の対価が株式以外の財産である場合（758条4号ロ〜ホ）は，分割会社は承継会社・新設会社の株主とならない（☞4章1節1-2②）。

　会社分割による権利義務の承継も，個別的な権利義務の移転手続を必要としない点は合併と同様である。合併と異なるのは，次の点である。

	合併	会社分割
承継する権利義務の範囲	権利義務の全部を承継 （2条27号28号）	一部を承継させることも可能 （2条29号30号）
承継する権利義務の範囲の選別可否	選別できない	吸収分割では吸収分割契約（759条1項），新設分割では新設分割計画（764条1項）で決められるので選別できる
対価の交付の相手	消滅会社の株主 （749条1項2号3号，753条1項6号7号）	分割会社 （758条4号柱書，763条1項6号）
権利義務の移転による既存会社の消滅	消滅する （471条4号，475条1号かっこ書）	消滅しない

♪advanced　完全持株会社を作るために利用できる

　合併と異なり，会社分割の場合は権利義務の全部を承継させたとしても，分割会社は消滅しない。そこで，たとえば複数の事業部門を有する甲会社が，新設分割によって，それぞれの事業部門を独立させ複数の新株式会社とすれば，甲会社は完全持株会社となることができる。会社分割は，ある会社が他の会社の発行済株式の全部を有する完全親子会社関係を作り出す手段としても用いることができる。

【3】 株主・会社債権者の保護の必要性と会社分割手続

　会社分割の効果は大きく2つある。これらの効果の帰結として株主や債権者を保護する手続が必要となる。

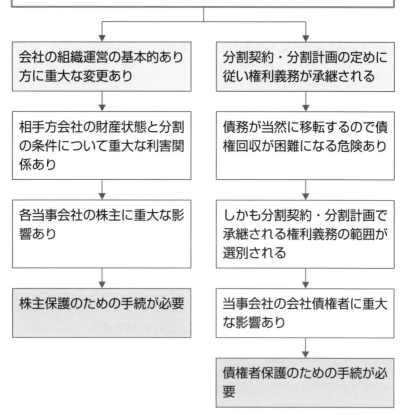

① 　分割契約・分割計画の定めに従い分割会社の権利義務が承継会社・新設会社に承継される。
② 　分割会社が，承継会社・新設会社から分割の対価を受ける。

会社の組織運営の基本的あり方に重大な変更あり	分割契約・分割計画の定めに従い権利義務が承継される
相手方会社の財産状態と分割の条件について重大な利害関係あり	債務が当然に移転するので債権回収が困難になる危険あり
各当事会社の株主に重大な影響あり	しかも分割契約・分割計画で承継される権利義務の範囲が選別される
株主保護のための手続が必要	当事会社の会社債権者に重大な影響あり
	債権者保護のための手続が必要

会社分割の手続は，合併と同じである。

i 吸収分割契約の締結（757条，758条），新設分割計画の作成（762条，763条）

ii 事前備置き（782条，794条，803条）

iii 株主総会による承認（783条，795条，804条），株式買取請求（785条，797条，806条～），債権者保護（異議）手続（789条，799条，810条）

iv 効力発生（吸収分割は効力発生日，759条1項。新設分割は登記時，764条1項）

v 分割に関する書面の作成・備置き・閲覧等（791条，801条，811条，815条）

第4章 組織再編

♪advanced♪ 合併・会社分割vs事業譲渡の比較

A会社の財産すべてを既存のB会社に承継させるには，吸収合併のほかに事業の全部の譲渡（467条1項1号）という方法もある。また，A会社の事業部門の一部を既存のB会社に承継させるには，吸収分割のほかに事業の重要な一部の譲渡（467条1項2号）という方法もある。

事業の譲渡は取引行為にあたり，本来なら業務執行の一環として取締役ないし取締役会の権限に属するはずである（348条1項2号，362条2項1号）。しかし，のれん等のノウハウも含めた一定の事業目的のために組織化され，有機的一体として機能する事業の譲渡は，会社の運命に重大な影響を及ぼすことがある。そこで，「事業の全部の譲渡」「事業の重要な一部の譲渡」をなすには，株主総会の特別決議が必要とされている（467条1項1号2号，309条2項11号）。

したがって，吸収合併・吸収分割も事業譲渡も，それを行うのに株主総会の特別決議が必要な点では共通する。

しかし，事業譲渡は，通常の取引契約であるから，債務の移転手続（債務引受＝債権者の承諾）がとられなければ，債務は移転しない（☞4章1節1-2①）。そのため，特別な債権者保護（異議）手続は用意されていない。

	事業譲渡	吸収合併	吸収分割
契約の効果	特定承継 財産の個別の移転手続が必要。特約による一部の除外も可	包括承継 個別の移転手続は不要。特約による一部の除外は不可（2条27号，750条1項）	分割契約の定めに従い分割会社の権利義務が承継会社に承継される。個別の移転手続は不要（759条1項）

契約の対価	譲渡会社が譲渡の対価を受ける。譲渡会社の株主の地位は移転しない	合併対価が株主に交付される。対価が株式である場合には消滅会社の株主は存続会社に収容される（749条1項2号イ）	吸収分割株式会社が，承継会社から分割の対価を受ける
会社の存続	譲渡会社は当然には解散しない。解散するときは清算手続が必要（475条1号）	吸収合併消滅株式会社は当然に解散・消滅し，清算手続は不要（471条4号，475条1号かっこ書）	吸収分割株式会社は消滅しない
株主保護手続	原則として株主総会の特別決議が必要（467条1項1号2号，309条2項11号）	原則として株主総会の特別決議が必要（783条1項，309条2項12号）	原則として株主総会の特別決議が必要（783条1項，309条2項12号）
債権者保護（異議）手続	債権者の同意が必要なので，原則として不要	債権者保護（異議）手続が必要（789条1項1号）	吸収分割株式会社に対して債務の履行を請求できない分割会社の債権者については，債権者保護（異議）手続が必要（789条1項2号）

3 ▶ 株式交換・株式移転

〔1〕株式交換・株式移転の意義

　株式交換・株式移転は，既存の株式会社が他の株式会社（株式交換の場合には合同会社も親会社となれる）にその発行済株式の総数を取得させ完全子会社となるための手続である。

　たとえば，甲会社が乙会社を完全子会社にする場合，乙会社の株主の保有する乙社株すべてを甲会社に移転させ，乙社株を保有していた株主にその対価として甲社株を交付すれば，甲会社は乙会社の完全親会社になれる。

　完全親会社となる会社が既存の株式会社または合同会社である場合が株式交換（2条31号），完全親会社となる会社が新設の株式会社である場合が株式

移転（2条32号）である。

〈株式交換により完全親子関係が成立〉

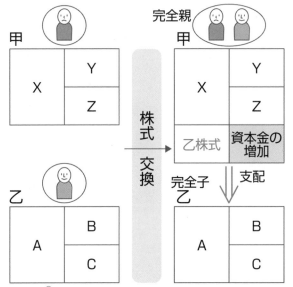

乙社株主 は，甲株を取得して甲社株主となる。乙社株主は
甲社ただ1人になる（甲社は完全親会社，乙社は完全子会社）。

〈株式移転により完全親子関係が成立〉

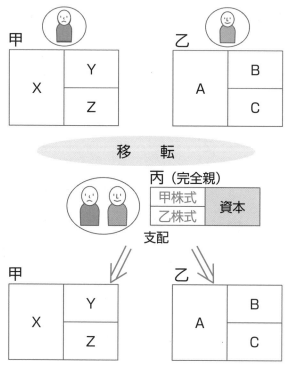

ばらばらだった甲社と乙社が，丙社のもとで統括される。
それぞれの株主も丙社株主となる。

♩advanced♪　　**純粋持株会社のために**

　平成９年の独禁法改正で，純粋持株会社（自ら生産販売等の事業活動をせず，他の会社を支配することを主たる事業目的とする会社）が原則として解禁された。持株会社を利用することで，戦略部門と事業部門の分離により経営を効率化できるとか，株式譲渡だけで事業を容易に売買できるなどのメリットがあるといわれている。

　しかし，たとえばＡ会社がＢ会社を完全子会社とする場合に，Ｂ会社の個々の株主からいちいち株式を買い取っていたのでは，100パーセント株式を取得するのは難しい。株式交換・株式移転は，持株会社の解禁を契機に，完全親子会社を容易かつ円滑に作り出すために作られた制度である。

【2】 株式交換・株式移転の効果

	合併	会社分割	株式交換・株式移転
権利義務の承継	あり	あり	原則なし 株主構成が変わるだけ
対価の交付の相手方	消滅会社の株主 （749条1項2号，753条1項6号7号）	分割会社 （758条4号柱書，763条1項6号）	完全子会社の株主 （768条1項2号，774条2項）

　合併では，存続会社または新設会社は消滅会社の権利義務を包括的に承継する（2条27号28号）。会社分割では，承継会社または新設会社は分割会社が事業に関して有する権利義務の全部または一部を承継する（2条29号30号）。

　これに対して，株式交換・株式移転は完全親子会社を作るための手続であって，原則として会社間の権利義務の変動は生じない。

　たとえば株式交換によって既存の甲会社が既存の乙会社を完全子会社とする場合，甲会社（株式交換完全親会社）はその効力発生日に乙会社（株式交換完全子会社）の株式の全部を取得する（769条1項）。それと同時に，乙会社の株主には株式交換契約の定めるところにより金銭等の対価が交付される（768条1項2号3号，769条3項）。

　他方，たとえば株式移転によって既存の乙会社を新たに設立する甲会社の完全子会社とする場合，甲会社（株式移転設立完全親会社）は，その成立の日に乙会社の株式の全部を取得する（774条1項）。それと同時に，乙会社の株主には株式移転計画の定めるところにより新たに設立される甲会社の株式が交付され，甲会社の株主となる（774条2項）。

　株式交換・株式移転のいずれも，その効果としては子会社の株主が変わるだけで，原則として会社間の権利義務の変動はない。

【3】株主・会社債権者の保護の必要性と株式交換・株式移転手続

株式交換・株式移転の手続は，合併手続とパラレルに定められている。しかし，合併と異なり，原則として，債権者保護（異議）手続が設けられていないことに注意する必要がある。

① 株式交換　768条1項2号3号，769条1項3項
　　完全子会社株式は，株式交換の日に完全親会社に移転し，完全子会社の株主には金銭等の対価が交付される
② 株式移転　774条1項2項
　　完全子会社株式は，完全親会社にすべて移転するとともに，完全子会社の株主には完全親会社株式が割り当てられる

完全子会社株主が意思と関係なくその地位を失い，完全親会社の株主となる 完全親会社は完全子会社株式を受け取り，かわりに自社株式を割り当てる	完全子会社は株主の構成が変わるだけで財産には何ら変更がない 完全親会社は完全子会社株式を取得するので資産が増加する
各当事会社の株主に重大な影響あり	原則として子会社・親会社の債権者の利益が害されるおそれはない
株主保護の必要性あり	債権者保護（異議）手続を設ける必要なし

株式交換・株式移転の手続は，合併とほぼ同様である。

i　株式交換契約の締結（767条, 768条），株式移転計画の作成（772条, 773条）

ii　事前備置き（782条, 794条, 803条）

iii　株主総会による承認（783条, 795条, 804条），株式買取請求（785条, 797条, 806条～），債権者保護（異議）手続は原則不要（☞4章2節2-3）

iv　効力発生（株式交換は効力発生日，769条1項。株式移転は新会社の設立登記時，774条1項）

v　株式交換・株式移転に関する書面の作成・備置き・閲覧等（791条, 801条, 811条, 815条）

会社法は，合併，会社分割，株式交換・株式移転の手続についてまとめて規定している。以下，株式会社間の合併等の組織再編行為について説明する。

	消滅会社等の手続	存続会社等の手続
吸収型再編（吸収合併，吸収分割，株式交換）	第 5 編第 5 章第 2 節第 1 款（782条〜793条）	第 5 編第 5 章第 2 節第 2 款（794条〜802条）
新設型再編（新設合併，新設分割，株式移転）	第 5 編第 5 章第 3 節第 1 款（803条〜813条）	

♪advanced♪ 定義規定

会社法は，複数の類型の組織再編行為の手続をまとめて規定しているので，どの場合の話か混同しないように，随所に定義規定を置いている。たとえば，株式会社同士での組織再編の場合に，消滅株式会社等，存続株式会社等というのは，次の意味である。

	消滅株式会社等	存続株式会社等
吸収型再編（吸収合併，吸収分割，株式交換）	吸収合併消滅株式会社，吸収分割株式会社，株式交換完全子会社（782条 1 項）	吸収合併存続株式会社，吸収分割承継株式会社，株式交換完全親株式会社（794条 1 項）
新設型再編（新設合併，新設分割，株式移転）	新設合併消滅株式会社，新設分割株式会社，株式移転完全子会社（803条 1 項）	

1 ▶ 株主保護のための手続

【1】株主総会の承認決議

吸収型再編（吸収合併，吸収分割，株式交換）をする場合，株主保護のため（☞ 4 章 1 節1-3），消滅株式会社等の側では，効力発生日の前日までに，株主総会の特別決議によって，吸収合併契約等の承認を受けなければならないのが原則である（783条 1 項，309条 2 項12号）。存続株式会社等の側でも，同様である（795条 1 項，309条 2 項12号）。

新設型再編をする場合の消滅株式会社等でも，株主総会の特別決議による承認決議が必要である（804条1項，309条2項12号）。

【2】 株主総会の承認決議を要しない場合

① 簡易組織再編

i　吸収合併存続会社・吸収分割承継会社・株式交換完全親会社（796条2項）；合併対価が存続会社等の純資産額の20％以下の場合

ii　吸収分割会社（784条2項）・新設分割会社（805条）；承継させる資産が総資産額の20％以下の場合

消滅会社等の規模が存続会社等の規模に比して小さい場合，存続会社等の合併等承認決議を省略できる。つまり，存続会社等（取締役会設置会社）の側は，取締役会決議だけで合併等をすることができる（→362条4項柱書「重要な業務執行」にあたる）。

消滅会社等の規模が著しく小さい場合は，存続会社等の株主に与える影響が小さいので，会社の基礎的変更とはいえず，株主総会決議を要求する必要はないからである。

たとえば，吸収合併の存続会社において，合併対価の額（簿価）が存続会社の純資産額（法務省令で定める）の20％以下の場合（定款で厳格化可）には，その会社における株主総会の決議を省略することができる（796条2項）。

なお，会社分割で分割会社の側が簡易分割にあたるかの基準については，他の場合と異なり，総資産の額が基準とされ，純資産額（承継資産額マイナス承継負債額）が基準とされない。これは，後者を基準とすると，承継負債を大きくすれば分割会社から大規模な事業が移転する場合にも簡易分割の手続が利用できてしまうからである。

② 略式組織再編

略式組織再編とは，支配関係のある会社間における組織再編行為を行う場

合において，株式会社である支配されている側（被支配会社）の株主総会の決議を必要としない場合をいう。

たとえば，甲社の議決権ある株式の90％以上を乙社が単独で保有しているような場合に，乙社は特別支配会社に該当し，甲社から乙社への吸収合併には甲社における株主総会決議が不要となる。

仮に株主総会を開催したとしても承認されることは明らかであり，むしろこのような場合には，被支配会社における株主総会の開催を不要とすることにより，迅速かつ簡易な組織再編行為を行うことを可能とすることが望ましいからである。

そして，会社間において支配関係が認められる場合とは，ある株式会社（被支配会社）の総株主の議決権の90％（被支配会社の定款で加重することは可能）以上を他の会社（特別支配会社）あるいはその会社の完全子会社などが有している場合をいう（468条1項かっこ書）。

	条　件	省略される手続
吸収合併	存続会社が消滅会社の特別支配会社	消滅会社における株主総会承認決議 ⇒　不要（784条1項本文）
	消滅会社が存続会社の特別支配会社	存続会社における株主総会承認決議 ⇒　不要（796条1項本文）
吸収分割	承継会社が分割会社の特別支配会社	分割会社における株主総会承認決議 ⇒　不要（784条1項本文）
	分割会社が承継会社の特別支配会社	承継会社における株主総会承認決議 ⇒　不要（796条1項本文）
株式交換	完全親会社となる会社が完全子会社となる会社の特別支配会社	完全子会社となる会社における株主総会承認決議 ⇒　不要（784条1項本文）
	完全子会社となる会社が完全親会社となる会社の特別支配会社	完全親会社となる会社における株主総会承認決議 ⇒　不要（796条1項本文）

【3】 株式買取請求権

　株主総会の決議は，多数決によってなされる（309条参照）。株式買取請求権は，株主の利益に重大な影響を及ぼす事項が多数決によって成立した場合，それに不満な少数株主を救済するための手段である。

　反対株主は，消滅株式会社等・存続株式会社等に対し，自己の有する株式を「公正な価格」で買い取ることを請求することができる（785条，797条，806条）。

	株式買取請求権の要件
議決権を行使できる株主	①総会の前に会社に反対の意思を通知し，かつ②総会で反対することが必要である（785条2項1号イ，794条2項1号イ，806条2項1号）
議決権を行使できない株主（議決権制限株式）	①②は不要である（785条2項1号ロ，797条2項1号ロ，806条2項2号）
株主総会の決議が省略される場合	①②は不要である（785条2項2号，797条2項2号）

　株式買取請求権の行使がありうる場合においては，行使の機会を与えるため，すべての株主に対する通知・公告手続が必要である（785条3項4項，797条3項4項，806条3項4項）。株式買取の請求は，吸収型再編では合併等の効力発生日の20日前から前日までに（785条5項，797条5項），新設型再編では通知・公告をした日から20日以内に（806条5項），株式の種類と数を明らかにして行う。

♪advanced♪　簡易組織再編・略式組織再編と株式買取請求権

　組織再編において株式買取請求権が認められているのは，会社の組織の基礎に本質的変更をもたらすような場合に，反対株主に投下資本回収の機会を与えるためである。従来は，簡易組織再編の要件を満たす場合（☞4章2節1-2①），存続会社等（吸収合併存続会社・吸収分割承継会社・株式交換完全親会社をいう，784条1項）は，株主総会決議を要しないが，反対株主の株式買取請求権が認められた。しかし，簡易組織再編の場合

は，存続会社等に与える影響が少ないことから，存続会社等における株主総会決議を不要としており，会社の基礎の本質的変更とはいえない。

　そこで，平成26年会社法改正は，簡易組織再編の場合に，株式買取請求権を認めないとした（785条1項2号，797条1項ただし書，806条1項2号）。また，略式組織再編（☞4章2節1-2②）において，特別支配会社は株式買取請求権を有しないものとした（785条2項3項，797条2項3項）。特別支配会社が，組織再編に反対ということは考えられないからである。

2　債権者保護（異議）手続

　合併等の組織再編によって会社債権者に重大な影響（ex.債権回収が困難になる）を与える場合には，債権者保護（異議）手続をとる必要がある。

　債権者保護（異議）手続は，債権者に異議を述べる機会を与え（789条2項3項，799条2項3項，810条2項3項），債権者が異議を述べたときは，①弁済，②相当の担保の提供，③弁済を受けさせることを目的として信託会社等に相当の財産を信託するという①②③いずれかを行うことを内容とする（789条5項，799条5項，810条5項）。つまり，異議のある債権者に対して満足を与える手続である。

♪advanced♪　なぜ，債権者保護（異議）手続が不要な場合があるのか

	債権者保護（異議）手続
合併	必要
会社分割	必要。分割会社では不要な場合がある。
株式交換・株式移転	原則として，不要。例外的に必要。
事業の譲渡	不要

　合併，会社分割では債務も当然に移転するので，債権回収が困難となるおそれのある会社債権者を保護するための手続が必要となる。

　他方，株式交換・株式移転は完全子会社の株主構成を変えるだけで，原則として，会社の権利義務の変動はないから，債権者に影響を与えることはなく，原則不要となる（☞4章1節3-3）。事業の譲渡の場合には，債務の移転に個々の債権者の同意が必要であるから，債権者保護（異議）手続はない（☞4章1節2-3）。

【1】合　併

	債権者の範囲	債権者保護(異議)手続の要否
吸収合併	消滅株式会社の債権者	必要（789条）
	存続株式会社の債権者	必要（799条）
新設合併	消滅株式会社の債権者	必要（810条）

　合併により，存続会社または新設会社は，消滅会社の権利義務を包括的に承継する（750条1項，752条1項，754条1項，756条1項）。したがって，消滅会社の権利義務はすべて一括して法律上当然に移転する。債務も当然に移転するので，債権回収が困難になる危険があり，当事会社の会社債権者に重大な影響を与える。会社債権者にとって，債務者たる会社が財政状態の悪い会社と合併をすると，債権の回収が困難になるからである。

　そこで，会社法は合併手続の一環として，各当事会社において債権者保護（異議）手続を行うことを要求している（吸収合併の消滅会社は789条，存続会社は799条，新設合併の消滅会社は810条）。

【2】会社分割

吸収分割	分割会社の債権者	分割後に分割会社に履行を請求できない者	債権者保護(異議)手続必要（789条1項2号）
		分割会社が分割の対価を株主に分配する場合	債権者保護(異議)手続必要（789条1項2号かっこ書）
		分割会社に履行を請求できる者	債権者保護(異議)手続不要（789条1項2号反対解釈）
	承継会社の債権者	債権者保護(異議)手続必要（799条）	
新設分割	分割会社の債権者	分割後に分割会社に履行を請求できない者	債権者保護(異議)手続必要（810条1項2号）
		分割会社が分割の対価を株主に分配する場合	債権者保護(異議)手続必要（810条1項2号）
		分割会社に履行を請求できる者	債権者保護(異議)手続不要（810条1項2号反対解釈）

会社分割により，承継会社または新設会社は，分割契約・分割計画の定めに従い，分割会社の権利義務の全部または一部を承継する（759条1項，764条1項）。債務も，分割契約・分割計画の定めに従い，債権者の同意なくして免責的に承継会社または新設会社に移転する。

　そこで，承継会社では，常に債権者保護（異議）手続が必要とされている（799条1項2号）。

　他方，分割会社では，分割後に分割会社に債務の履行を請求できない会社債権者について，債権者保護（異議）手続が必要とされている（789条1項2号，810条1項2号）。債務者の変更が生じ，承継会社の財産状態によっては，債権回収が困難になる危険が生ずるからである。

　以上の反面，分割後も分割会社に対し債務の履行を請求できる債権者については，債権者保護（異議）手続の対象とはされていない（789条1項2号，810条1項2号反対解釈）。分割会社の資産状態に変動がなく（∵移転した純資産額に等しい対価を取得する。つまり，財産が減少しても，株式等の割当てを受けることでてん補される），分割後も同社に全額を請求できる債権者については保護手続は不要だからである。

　ただし，分割後も分割会社に対し債務の履行を請求できる債権者についても，分割会社が分割の対価を株主に分配する場合には，分割会社の財産が減少するので，債権者保護（異議）手続が必要となる（789条1項2号かっこ書，810条1項2号かっこ書）。

♪advanced♪　**会社分割には債権者保護のための特別な責任がある**

　合併等の組織再編行為をする場合，会社は一定の事項を官報に公告し，かつ知れている債権者には各別にこれを催告しなければならない（789条2項，799条2項，810条2項）。債権者に異議を述べる機会を与えるためである。ただし，会社が公告を，官報のほか，定款の定めに従い時事に関する事項を掲載する日刊新聞紙（ex.朝日，毎日，読売，日経）または電子公告（ex.インターネットのホームページに掲載する）の方法によりするときは，各別の催告を省略できる（789条3項，799条3項，810条3項）。日刊新聞紙やインターネットを通じて公告をすれば，各別の催告を省略しても，会社債権者に異議を述べる機会は十分に与えられるからである。そして，債権者が一定の期間に異議

を述べなかった場合には，その債権者は，当該吸収合併等について承認をしたものとみなされる（789条4項，799条4項，810条4項）。

しかし，会社分割をする場合には，不法行為によって生じた分割会社の債務（ex.製薬会社が薬害の被害者に負う債務）の債権者（ex.製薬会社に対して薬害の被害に基づいて損害賠償請求権を有する薬害被害者）に対しては，各別の催告を省略できない（789条3項かっこ書，810条3項かっこ書）。会社と日常取引をしている債権者の場合と異なり，不法行為債権者にいちいち日刊新聞紙による公告や分割会社の公告ホームページをチェックすることを要求するのは無理があるからである。

そして，分割会社が不法行為債権者に対して各別の催告をしなかった場合，分割契約または分割計画において債務者とされなかった会社も，分割会社については分割の効力発生日の財産額，承継会社または新設会社については承継した財産額を限度として，不法行為債権者に弁済の責任を負わされる（759条2項3項，764条2項3項）。

このように，特別の責任が設けられているのは，会社分割では分割契約・分割計画において承継される権利義務の範囲が選別されるからである。つまり，会社分割を利用して，都合の悪い債務を他の会社に移し，資産を残すことが可能となるのである。そこで，薬害等の巨額の不法行為債務を負った会社が会社分割を行って責任を免れる危険を防止するために，特別の規定が設けられているのである。

【3】 株式交換・株式移転

		原 則	例 外 （債権者保護（異議）手続が必要な場合）
株式交換	完全子会社	不 要	新株予約権付社債権者である場合 （789条1項3号）
	完全親株式会社	不 要	新株予約権付社債を承継する場合 （799条1項3号） 株式以外を対価として用いる場合 （799条1項3号）
株式移転	完全子会社	不 要	新株予約権付社債権者である場合 （810条1項3号）

株式交換・株式移転の場合には，各当事会社の財産は変動しない。株主が変動するだけである（☞4章1節3-2）。したがって，合併や会社分割の場合と異なり，原則として，債権者保護（異議）手続は要求されていない。

次の場合に限って，例外的に債権者保護（異議）手続が必要となる。

① 新株予約権付社債権者の場合

新株予約権付社債に係る債務が完全子会社となる会社から完全親会社となる会社へと移転する場合（768条1項4号ハ，773条1項9号ハ）には，完全子会社においては当該新株予約権付社債権者について（∵債務者が変わるので），完全親会社においては全債権者について（∵債務が承継されるので），それぞれ債権者保護（異議）手続を要求することとしている（789条1項3号，810条1項3号，799条1項3号）。

🎼 advanced 🎵 新株予約権付社債に係る債務の移転とは

たとえば，株式交換により，A株式会社がB株式会社を完全子会社としたのに，B会社の発行した新株予約権をそのまま残していると，それが行使された場合，完全親子会社関係が崩れることになる。それでは，株式交換をした意味がなくなる。そこで，完全子会社の新株予約権の新株予約権者に対して，当該新株予約権に代わる完全親株式会社の新株予約権を交付することが認められている（768条1項4号柱書，773条1項9号柱書）。その場合には，株式交換契約・株式移転計画において，完全子会社の新株予約権の内容（768条1項4号イ＝株式交換契約新株予約権という。773条1項9号イ＝株式移転計画新株予約権という），交付される完全親会社の新株予約権の内容・数・算定方法等を定めなければならない（768条1項4号，773条1項9号）。

そして，完全子会社の発行した新株予約権（株式交換契約新株予約権・株式移転計画新株予約権）が新株予約権付社債に付された新株予約権であるときは，完全親会社が当該新株予約権付社債についての社債に係る債務を承継する旨・その承継に係る社債に関する一定の事項を定めなければならない（768条1項4号ハ，773条1項9号ハ）。この場合に，例外的に債務が完全子会社から完全親会社に移転することになる。

---

② 株式交換の対価が金銭などの場合

株式交換に際して，完全子会社の株主に対して完全親会社の株式以外の財産を交付する場合（768条1項2号ロ〜ホ）には，原則として，完全親会社における債権者保護（異議）手続が必要である（799条1項3号）。当該会社の株式以外の財産（ex.金銭）を交付するときは，対価が不当であれば，財産の不当な流出が生じ，債権者が害されることになるからである。

第5章

会社の設立

第1節 準則主義

1 会社の設立とは

　世の中には，一定の目的をもった人の集まり，すなわち団体がたくさんある。たとえば，町内会（町内に住む人を構成員とする団体），地方公共団体（その地域内の住民を構成員とする団体），国家（主権者である国民を構成員とする団体）等である。会社も，一定の目的実現のために集まった出資者（社員）を構成員とする団体である。

　つまり，株式会社はトヨタや日産のような大企業を作ることが可能な会社形態であり，たとえば自動車製造販売業を営む等の一定の目的の下に，それに賛同するたくさんの投資者から出資を集め，それを経営の専門家に委ねて会社を運営し，得た利益を出資者（株主）に分配するための仕組みである。

　そのような仕組みに何が必要かというと，他の団体（ex.町内会，地方自治体，国）と同じく独自に活動を行うためには，①団体運営のルール，②団体の構成員，③団体運営の資金，④団体が活動するための機関が必要である。

　会社の設立とは，会社という団体が必要な仕組み（上記①②③④）を形成し，それに法人格を取得させる手続である。

　そして，会社法は，経済活動の自由を尊重するために，会社の設立について準則主義をとっている。準則主義とは，法人の設立に一定の要件を定め，この要件を満たすときは当然に法人格を与える方式である。

　準則主義によれば，会社法があらかじめ定めた要件に従って会社の実体（上記①②③④）が形成されると，行政官庁の許可や認可を必要とせずに，設立の登記によって法人格が与えられる（49条，579条参照）。

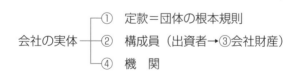

会社の実体　①　定款＝団体の根本規則
　　　　　　②　構成員（出資者→③会社財産）
　　　　　　④　機　関

　株式会社の設立についても，①会社の根本規則である定款の作成，②会社の構成員として出資をする社員の確定，③出資の履行による会社財産の確定，④会社が活動していくための機関の具備によって団体の実体が形成された後に，設立の登記によって法人格が与えられる（49条）。

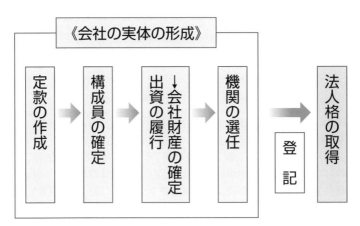

2　株式会社の設立の特色

　株式会社の設立は，その準則の内容が複雑で周到かつ厳格となっている。

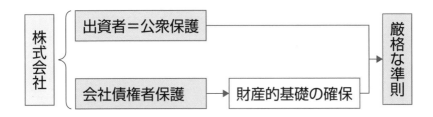

【1】一般公衆の保護

　株式会社（公開会社）は，多くの人からお金を集めるから，会社に参加してくる一般公衆を保護し，後日の紛争を防止するため準則を詳細に定める必

要がある。

【2】 会社債権者保護

　株式会社では，株主は会社債権者に対して間接有限責任しか負わない（104条）ので，会社債権者の担保となるのは会社財産しかない。そこで，会社債権者を保護するため，会社財産の確保に配慮する必要がある（ex. 出資は設立段階で完全に履行されなければならない）。

♪ advanced ♪　持分会社の設立手続は簡単である

　信頼関係のある少人数の社員から構成される持分会社の設立手続は，簡単である。設立に関する規定は，575条〜579条までのわずか5か条しかない。

　合名会社・合資会社では，定款を作成すれば，それで会社の実体は完成する（576条1項ないし3項）。社員がそのまま執行機関となり（590条1項，599条1項本文），また，社員の全部または一部が無限責任を負うので（580条1項），出資義務が履行されていなくても問題がない。

　合同会社では，社員が有限責任を負うにすぎないので（576条4項），設立登記をするときまでに出資全額の払込み・履行が要求されるが（578条），合名・合資会社と同じく社員相互の人的信頼関係が前提とされており，限られた者の間での会社設立なので，やはり設立手続は株式会社に比べ簡単である。

第2節 設立の手続

1 発起人

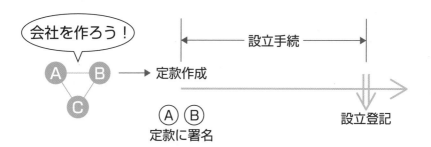

会社を作ろう！

A B → 定款作成

C

設立手続

A B
定款に署名

設立登記

A・B・Cが会社を作る場合，まず，株式会社にするか持分会社にするかという会社の種類を決め，次に，どんな事業を営むか（目的），会社の名前を何にするか（商号），最初の事務所をどこに置くか（本店所在地）など，作ろうとする会社の概要を決める。

それから，設立手続を進めるうえで，A・B・Cそれぞれの役割を決める。また，株式会社の場合，誰がいくらお金を出すかも重要である。

これらの話が大体まとまると，いよいよ設立手続を開始するが，その第一歩は，定款を作り設立の企画者として署名することである。

発起人とは，定款が書面で作られたときはそれに発起人として署名した者であり，定款が電磁的記録で作られたときは署名に代わる措置で法務省令に定めるもの（26条2項→会社法施行規則225条の電子署名）をした者をいう。

つまり，定款に署名した者を発起人という。ここで注意しなければならないのは，たとえCが会社設立の中心人物となり，会社設立のために頑張ったとしても，定款に署名しなければ発起人ではないということである。

発起人には，設立事務の遂行者としての権限と重い責任がある（26条1項，32条，33条，38条，52条，53条，57条，58条，60条等参照）。このため，誰が発起人かは明確でなければならず，中心人物とか頑張った人という実質的な基準では決められないのである。

第**5**章　会社の設立

181

ただし，定款に署名していないが実際上発起人としての外観を生じさせた
ような者は，擬似発起人として責任を負う（103条4項）。

2 　発起設立と募集設立

　株式会社の設立方法には，発起設立と募集設立の2つの方法がある。

　発起設立とは，発起人が設立に際して発行する株式（設立時発行株式）の
すべてを引き受けて会社を設立する方法である。

　募集設立とは，発起人が設立時発行株式の一部を引き受けて，残りの株式
を引き受ける者を募集して会社を設立する方法である。

発起設立		募集設立
① 定款の作成（26条，27条） ② 定款の認証（30条）	根本規則の確定	① 定款の作成（26条，27条） ② 定款の認証（30条）
③ 株式発行事項の決定（32条） ④ 発起人の全部引受け（25条1項1号）	社員の確定	③ 株式発行事項の決定（32条） ④ 発起人の一部引受け（25条1項2号） ⑤ 株主の募集（57条，58条） ⑥ 申込み（59条） ⑦ 割当て（60条） 　→引受けの確定（62条）
⑤ 発起人による全額の払込み・全部の給付（34条）	会社財産の確定	⑧ 発起人による全額の払込み・全部の給付（34条） ⑨ 引受人による全額の払込み（63条）
⑥ 発起人による設立時役員等の選任（38条〜41条）	機関の選任 （実体の完成）	⑩ 創立総会開催（65条） ⑪ 設立時役員等の選任（88条）
⑦ 設立時役員等による調査（46条）		⑫ 設立時役員等による調査（93条） ⑬ 創立総会への報告・変更（93条2項，96条）
⑧ 設立登記（49条）	法人格の付与	⑭ 設立登記（49条）

🎼advanced🎵 条文の構造

株式会社の設立に関する条文は，発起設立・募集設立に固有のものと両者に共通のものがあるので，注意するとよい。

発起設立	26条～56条
募集設立	26条～37条，39条，47条～103条
両者に共通	26条～37条，39条，47条～56条

---

3 手続の概要

【1】 定款の作成

設立の第一歩は，発起人の総意による定款作成である（26条）。

定款 ── 実質的意味：会社の組織と活動に関する根本規則(466条参照)
　　　 └ 形式的意味：根本規則を記載した書面

26条にいう「定款の作成」とは，株式会社の組織と活動に関する根本規則を定め，それを書面に作成することを意味する（電磁的記録も可，26条2項）。

この最初の定款は，原始定款と呼ばれ（∵原始定款とは公証人の認証を受ける対象となる定款である），将来の株主をも拘束する。

原始定款は，その内容を明確にし，後日の紛争を防止するため公証人の認証を受けなければ効力を生じない（30条1項）。

定款規定の内容には，絶対的（必要的）記載事項・相対的記載事項・任意的記載事項がある。

① 絶対的記載事項

定款に必ず記載しなければならない事項であり，その記載がないと定款全体が無効となる。27条各号に列挙されている事項がこれにあたる。

　　i　目的（1号）
　　ii　商号（2号）

iii　本店の所在地（3号）

　　iv　設立に際して出資される財産の価額又はその最低額（4号）

　　v　発起人の氏名又は名称及び住所（5号）

　会社が発行することができる株式の総数（発行可能株式総数）は，あらか
じめ定款で定める必要はないが，設立登記の時点までには，必ず定款に定め
ておかなければならない（37条1項2項，98条）。原始定款に記載しなくて
もよいので，定款認証の段階（30条）では確定する必要はなく，設立過程に
おける株式の引受け状況等を見ながら，決めることができる（∴手続が柔軟
になる）。

② 相対的記載事項

　定款に記載しなくても，定款自体の効力には影響がないが，定款に定めな
いとその事項の効力が認められないものである（29条）。

　各事項ごとに個別的に条文で規定されている。たとえば，定款による株式
譲渡制限（107条1項1号2項1号，108条1項4号2項4号），単元株制度
（2条20号，188条），株主総会の権限（295条2項），変態設立事項（28条☞
5章3節）などである。

③ 任意的記載事項

　定款に記載しなくとも定款自体が無効とならず，定款外で定めても効力が
ある事項である（ex.定時株主総会招集時期，株主総会の議長，取締役・監
査役の員数など）。

　定款で定めた方が明確になり，また，定款変更手続（466条，309条2項11
号＝特別決議）によらない限り変更できないという実益がある。

【2】社員の確定

① 株式発行事項の決定

　株式発行事項（ex.株式の払込期日，払込取扱機関など）は，原則として

発起人の多数決で決めることができる（民法670条）。ただし，32条1項各号・58条1項各号の事項は，定款に定めがなければ，発起人の全員の同意により定めなければならない（32条1項，58条2項）。

特に重要な事項は全員一致としながら，定款作成後の事態に機動的に対応できるようにしたものである（∵定款の絶対的記載事項からはずされている）。

② 株式の引受け

出資者として株式の払込義務を負うことを株式の引受けという。株式を引き受けた者（株式引受人）がその義務を果たせば，一定の時期に株主となる（50条，63条）。

発起設立の場合は，設立に際して発行する株式の総数を発起人が引き受ける（25条1項1号）。

募集設立の場合は，設立に際して発行する株式の一部（1株でもよい）を発起人が引き受け（25条2項），その後，株主の募集を行う（57条）。

募集に対して申込み（59条，61条）があると，割当て（60条，61条）がなされ引受けが確定する（62条）。

【3】会社財産の確定

① 出資の履行

発起設立の場合は，発起人は引き受けた後遅滞なく，引き受けた株式について出資金銭の全額の払込みをし，現物出資（☞5章3節2）であればその財産の全部を給付しなければならない（34条1項）。

払込みの確実をはかるため，払込みは銀行・信託会社等の払込取扱金融機関の払込取扱場所においてしなければならない（34条2項）。

募集設立の場合は，設立時募集株式の引受人は，発起人が定めた払込期日または払込期間中に，引き受けた株式について，発起人の定めた払込取扱場所において，払込金額の全額の払込みをしなければならない（63条1項）。引受人が払込みをしなかった場合は当然に失権する（63条3項）。

発起人は，払込みの取扱いを行った銀行等に払い込まれた金銭の保管証明書の交付を請求できる（64条1項）。この証明書を交付した銀行等は，その記載が事実と異なっていたり，払い込まれた金銭に返還に関する制限が付いていたりしても，成立後の会社にその旨を主張できない（64条2項）。

【4】 機関の具備―発起設立の場合

① 設立時取締役・設立時監査役の選任

発起人は，出資の履行が完了した後，遅滞なく，設立時取締役・設立時監査役等を選任する（38条1項3項）。選任方法は，発起人が1株につき1議決権を有し，その議決権の過半数で決める（40条1項2項）。

> 🎼advanced🎵 **設立時の役員等の役割**
>
> 　株式会社の設立に際して取締役となる者は，設立後の会社の取締役と職務が異なるため，設立時取締役と呼ばれている（38条1項）。設立時取締役に加えて，設立時会計参与，設立時監査役，設立時会計監査人は，あわせて設立時役員等と呼ばれる（39条4項）。
>
> 　大きな違いは，執行機関ではなく調査機関であることである。
>
> 　設立の登記がなされるまでは，設立時取締役ではなく発起人が執行機関である。たとえば，「株式会社を設立するには，発起人が定款を作成し」（26条1項）と規定されているように，設立手続を遂行するのは発起人であり，「設立時」取締役等は設立事項の調査機関である。

② 設立過程の調査

　設立時取締役・設立時監査役は，現物出資・財産引受けについて定款に記載された価額が相当であること，弁護士等の証明および不動産鑑定士の鑑定評価が相当であること（☞5章3節4），出資の履行が完了していること，そのほか設立手続が法令または定款に違反していないことについて調査しなければならない（46条1項）。

【5】機関の具備―募集設立の場合

① 創立総会

　募集設立の場合，出資の履行が完了すると，創立総会が招集される（65条1項）。これは，会社成立後の株主総会に相当するものであり，発起人を含む株式引受人によって構成される設立中の会社の議決機関である。

② 設立時取締役・設立時監査役の選任および設立過程の調査

　発起人から設立に関する事項の報告を受け（87条1項），設立時取締役等を選任する（88条）。設立時取締役・設立時監査役は，設立経過を調査して創立総会に報告する（93条1項2項）。創立総会は定款を不当と認めたときは，これを変更できる（96条）。

〔6〕 設立登記

　実体の形成の後，本店所在地において設立登記（911条１項２項）をすることによって，会社は成立し法人格を取得する（49条）。会社の成立（∵法人格の取得）を設立登記時としたのは，会社の成立時期を明確にする趣旨である。

　会社の成立により，株式引受人は株主となり，設立時役員等は機関となる。

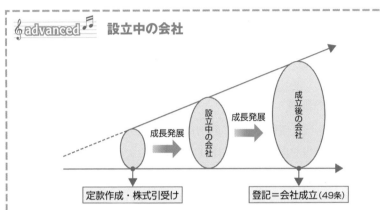

　会社の実体が完成し，設立登記がなされると会社は成立し法人格が付与される（49条）。ということは，設立登記の前にも会社としての実体は存在するということである。
　この実体を捉えて「設立中の会社」という。設立中の会社が生ずるのは，定款を作成し，公証人の認証を受け，かつ，各発起人が１株以上の株式を引き受けた時である（通説）。この時点で，設立中の会社の団体としての要素（定款，構成員，財産，機関）が具備されるからである。
　設立中の会社という概念は，設立中における法律関係がそのまま成立後の会社の法律関係になることをうまく説明するために用いられている。つまり，発起人がその権限内で行った行為の効果が，会社の成立と同時に，何らの行為を要することなく会社に帰属すると解釈することが可能となる（もっとも，発起人の権限がどこまで及ぶかについては議論がある）。

> 　設立中の会社が成長・発展して完全な会社となるのであるから，設立中の会社と成立後の会社は実質的に同一の存在といえる（同一性説）。
>
> ↓
>
> 　発起人が設立中の会社の執行機関としてその権限内で行った行為の効果は，成立後の会社に当然に帰属する。

変態設立事項とは，28条各号に掲げられている事項をいい，いずれも会社の設立手続のうちお金の面で株主や債権者にとって危険がある行為が列挙されている。

 i 現物出資（1号）

 ii 財産引受け（2号）

 iii 発起人の報酬・特別利益（3号）

 iv 設立費用（4号）

1 変態設立事項制度の立法趣旨

28条各号に列挙された事項は，発起人により濫用され，その結果株主や会社債権者の利益が害される危険性が大きい。

そこで，株主・会社債権者の利益を保護するため，次のような特別の手続が付加される（そのため，通常の手続と比較して変態設立事項といわれる）。

 i 原始定款に記載しなければ効力がない（28条柱書）。

 ii 原則として，裁判所選任の検査役の調査を受けなければならない（33条1項）。

 iii 調査の結果，不当とされた場合は，裁判所（33条7項），募集設立の場合は創立総会（96条）によっても変更される。

2 現物出資

現物出資とは，金銭以外の財産（ex.動産，不動産，有価証券，特許権）をもってする出資をいう。株主になるとき，対価としてお金を支払うのではなく，たとえば工場用地，商品の基礎技術（特許権）などを提供する場合である。株式会社では，現金で出資するという金銭出資が原則であるが（32

第5章 会社の設立

189

条1項2号，58条1項2号参照），ショッピングセンターの敷地や工場用地など，予め特定の財産を確保しておく必要がある場合を考慮して，例外として金銭以外の財産出資を認めたものである。

　現物出資は，金銭出資と異なり，その出資したお金ではない財産をどのように評価するか，つまりは「いくらと算定するか」が問題となる。現物出資者に対しては，その財産の評価額に相当する株式が付与されるからである。

　仮に，出資した土地を1億円と評価し，1億円分の株式を付与したとしよう。ところが，実際にはその土地には1,000万円の価値しかなかったとしたら，どうなるだろうか。発行株式に対して出資額が9,000万円も足りないことになる。他方では1億円のお金を現実に出資をした者との間で不平等が生ずる。現物出資は目的物の過大評価の危険を防止するため，変態設立事項とされたのである。

　このように現物出資はきわめて危険な行為なので，発起人に限ってなしうるものとされている（発起人の出資の履行を規定した34条と設立時募集株式の引受人の払込義務を規定した63条を対比せよ。34条1項にだけ，現物出資の「給付」という文言がある）。現物出資者には発起人としての重い責任を負わせるためである（52条）。

🎼advanced♬　**出資の種類**

　合名会社・合資会社の無限責任社員は，お金などの財産以外でも労務・信用等の出資も可能である（576条1項6号かっこ書，611条1項参照）。無限責任社員は会社債権者に無限責任を負うので（580条1項），会社財産確保による会社債権者保護の要請が相対的に低いからである。

　株式会社では株主が間接有限責任しか負わないので（104条），会社債権者保護の観点から金銭または金銭以外の財産のみの出資が可能である（34条1項参照）。

　合同会社でも社員は有限責任を負うにすぎないので（576条4項），出資は金銭等の財産に限られる（576条1項6号かっこ書）。

---

3 財産引受け

財産引受けとは，発起人が会社のため，会社の成立を条件として特定の財産を譲り受けることを約する契約をいう。工場用地や建物を購入する場合などである。

どのようなビジネスであれ，自分の体ひとつで始められる，というようなものは稀である。お店・工場・船など，それがなければ商売にならないというビジネスの基礎になるものが必ずあるはずだ。これらの財産を設立登記がすんでいない限り取得することを許さない，というのはナンセンスである。会社が商売をしてもうけるための仕組みである以上，こういう準備は設立中にできた方がよい。

しかし，財産引受けには，目的物を過大に評価し不当に多額の対価を与えるならば現物出資の場合と同じ弊害が生ずるおそれがある（∵現物出資同様の目的物過大評価の危険）。また，自由に認めるならば，現物出資規制の潜脱手段として利用される危険がある。そのため，変態設立事項とされている。

〈財産引受けの法律関係と同一性説の役割〉

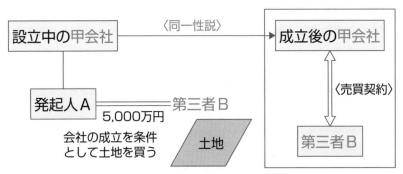

設立中の会社の法律関係は，そのまま成立後の会社の法律関係となるから（☞5章2節3-6），会社が成立すれば，自動的に甲会社と土地所有者Bとの間に，土地の売買契約が成立する。

advanced♪ 現物出資と財産引受け

現物出資　：特定の財産を出資して社員となる法律関係

財産引受け：通常の取引行為（売買契約等）

　現物出資では，出資義務の履行として財産が給付され現物出資者は株主となる（34条1項）。これに対し財産引受けは，会社設立の段階で事業用の財産を譲り受ける契約であり，開業準備行為（事業の開始の準備行為）の一種である。開業準備行為とは，工場用敷地・建物の買収，機械の注文，原材料・商品の仕入れなど会社設立のためには必要でないが，会社成立後すぐに事業を開始できるように準備するための行為である。

　そして，財産引受けは売買等の通常の取引行為であり，現物出資は出資者が財産を出資して株式の発行を受けるものであるという違いがある。しかし，財産引受けについても財産の過大評価の危険があるという点では現物出資と同じ危険があり，財産引受けを自由になしうるとすると現物出資の潜脱方法として用いられる。

　そこで，法は財産引受けについても現物出資と同様の規制を加えたのである。

4　検査役の調査の例外

　現物出資・財産引受けについて，33条10項各号に規定されている場合には，検査役の調査が不要である（33条10項）。財産価格が少額な場合や公正な評価が他の手段で担保される場合にまで調査を要求する必要はない。むしろ，過大な負担となるだけである。

　そこで，現物出資・財産引受けの制度を利用しやすくするため，例外を認めたのである。

①　少額財産の特例 （33条10項1号）	財産の価額の総額が500万円を超えない場合
②　市場価格のある有価証券の特例 （33条10項2号）	市場価格のある有価証券で，定款記載の価額がその当該有価証券の市場価格を超えない場合
③　弁護士等の証明がある場合の特例 （33条10項3号）	現物出資・財産引受けが相当であることについて，弁護士・弁護士法人・公認会計士・監査法人・税理士・税理士法人の証明を受けたとき（不動産は不動産鑑定士の評価も必要）

　これらに該当する場合，設立時取締役・設立時監査役は①②の場合は定款の価額が相当かどうかを調査し，③の場合は証明資料・鑑定資料を調査する義務を負う（46条，93条）。

会社の概念

第1節　会社の概念

1　会社の種類

　会社法は，会社とは株式会社，合名会社，合資会社または合同会社をいうとしている（2条1号）。そして，合名会社・合資会社・合同会社の3つを持分会社と総称する，と規定している（575条1項かっこ書）。

　会社には2系統，4種類あるわけである。

　会社の種類は，基本的には社員の責任の態様（直接責任vs間接責任，無限責任vs有限責任）によって区別される（☞2章1節2-2）。

株式会社		間接有限責任社員のみで構成される会社（104条）
持分会社	合名会社	無限責任社員のみで構成される持分会社（576条2項）
	合資会社	無限責任社員と有限責任社員とで構成される持分会社（576条3項）
	合同会社	有限責任社員のみで構成される持分会社（576条4項）

　そして，合名会社・合資会社・合同会社を持分会社と総称できるのは，所有と経営とが一致している点で共通性があり，街のおとうふ屋さんのように社員の労働力を結集するための会社だといえるからである（☞1章1節5）。

　他方，株式会社は所有と経営の分離（☞1章1節5）や株式の制度（☞2章1節1）からも分かるように，たくさんの人から出資を集め，大企業を起こすことを可能とする会社形態である。そのため，一般投資者が合理的な投資判断をできるよう金融商品取引法による強制的な情報開示も要求されるのである（☞3章2節）。

持分会社	合名会社（576条2項）	原則として，社員に業務執行権・代表権あり（590条1項，599条1項） →所有と経営の一致
	合資会社（576条3項）	
	合同会社（576条4項）	
株式会社	社員に業務執行権・代表権なし（326条，348条1項2項，349条，363条，418条） →所有と経営の分離（326条1項）	

2 ▶ すべての会社に共通するもの

　会社に，2系統・4種類あるとして，すべての会社に共通するものはなんだろうか。

　改正前商法には，会社とは「営利」を目的とする「社団」「法人」であるという明文の規定があった。会社法では，「営利」「社団」という点について明文の規定はない。

　会社は，法人とする（3条），という規定があるだけである。

　しかし，会社とは何かと聞かれたら，従来どおり会社とは「営利・社団・法人」であると答えるのが一般的な考え方である。

　したがって，結論からいうと，すべての会社に共通するのは「営利・社団・法人」だという点である。

〔1〕営利性

　会社が「営利を目的とする」とは，次の2つの要素を含む。

　　　i　会社が対外的な活動によって利益を得る
　　　ii　得た利益を構成員（社員）に分配する

　上記iiiの要件を満たさなければ，会社の定義にいう「営利目的」とはいえない。

　そもそも会社は，労力（持分会社）やお金（株式会社）を結集し，営利事業を行い，得た利益を構成員（社員）に分配するための仕組みだからである。リスク（出資）に対するリターン（利益）の関係である。

　会社法には，会社が「営利」法人との明文規定はないが，株主の権利として「剰余金の配当を受ける権利」および「残余財産の分配を受ける権利」の「全部」を与えない旨の定款の定めは無効としている（105条2項，持分会社については621条1項参照）。

　これは，会社が対外的な営利事業によって得た利益を構成員に分配しなければならないことを意味しており，会社は「営利」法人であるといえる。

　定義は，他のことがらと区別するために行う。会社の定義として，「営利性」を要求するのは，それによって，会社とそうでないものを区別するためである。
　たとえば，対外的営利活動によって利益を得ても，得た利益を構成員に分配しないもの（ex.付随的に対外的営利活動を行う公益法人）や，対外的営利活動によらず団体の内部的活動によって構成員に直接に経済的利益をもたらすことを目的とするもの（ex.生活協同組合，信用金庫）は営利性がなく，会社ではない。

【2】社団性

　会社の社団性とは，団体すなわち共同の目的（利益獲得の目的）を有する人（社員）の集まりを意味する。たくさんの株主のいる典型的な大企業を考えれば，会社は社団である。

　もっとも，会社法では，会社が社団かどうかを抽象的に議論する実益はあまりない。

　というのは，改正前商法では一人会社（社員＝株主などが１人しかいない会社）が認められるか議論があったが，会社法は広く一人会社を認めたからである。つまり，641条４号は「社員が欠けたこと」，つまり社員がゼロになった場合を持分会社の解散事由としている。したがって，社員が１人の持分会社も認められることになった。

　会社法が広く一人会社を認めたことで，一般的に会社が「社団」であるとはいい難くなった。そこで，会社法は会社が「社団」であるという規定を削除したといわれている。

　ただ，一人会社でも社員を増やせば団体になるから潜在的には社団といえると説明されている。

　株式会社，合名会社，合同会社では，一人会社が認められる。ただし，合資会社は，無限責任社員と有限責任社員との２種類の社員で構成される持分会社（576条３項）である。そこで，合資会社の有限責任社員が退社したことにより当該合資会社の社員が無

限責任社員のみとなった場合には，当該合資会社は，合名会社となる定款の変更をしたものとみなされる（639条1項）。逆に，合資会社の無限責任社員が退社したことにより当該合資会社の社員が有限責任社員のみとなった場合には，当該合資会社は，合同会社となる定款の変更をしたものとみなされる（639条2項）。

【3】 法人性

① 法人とは

人 ┬ 自然人（人間のこと）
　　└ 法　人

　会社は，法人である（3条）。法人とは，自然人以外で権利義務の主体となりうる資格（地位）を有するものである。権利・義務の主体となりうる地位（資格）を権利能力（法人格）という。

　いわば会社＝法人は，法律が作り出した「人」であり，自然人と同様に経済活動を行えるよう法律が考え出した一種の技術である。

　つまり，その名で契約を締結し，その名において自分自身の財産を持ち，訴え，訴えられる。会社は法人として，経済社会の中で自ら独立に経済活動を行うことができる。

　たとえば，土地を買って工場を建てる場合に，売買契約を社員が共同の名義で行ったり，土地の登記を社員全員の共同の名義で行うのは面倒である。会社がその名義で契約を行い，その名義で登記ができた方がよほど簡単である。土地を売った者が，なにか問題があり，問題解決のために裁判を起こす場合にも，社員全員を訴えるのではなく会社を相手に裁判を起こした方が簡単である。

　会社を法人とすることにより，会社をめぐる法律関係の処理が簡単になる。

　法人は人といっても法律が作り出したものである。心と体をもち自由平等が保障されるわれわれ自然人とまったく同じに扱うわけにはいかない。そこで，法人の権利能力には，当然，自然人と異なる制限がある。

　　i　性質による制限：結婚するとか養子をとるとか，人間であることを前提とした生命・身体に対する人格権や親族相続に関する権利義務の主体となれない

　　ii　法令による制限：会社は法律によって作られたものであるから，その権利能力は法令による制限を受ける（ex.清算株式会社の権利能力，476条）

　　iii　定款所定の目的による制限：？？？

　民法34条は，法人の権利能力がその目的によって制限されることを定めている。そして，この規定は営利事業を営むことを目的とする法人（∵会社）にも適用される（民法33条2項）から，会社の権利能力は定款所定の目的（27条1号，576条1項1号）によって制限される。

　ただし，判例は目的の範囲内かどうかは，目的の遂行に直接または間接に必要な行為を含み，必要かどうかは行為の客観的性質に即し，抽象的に判断する，としている。目的の遂行に間接に必要な行為も含むというのは，株主は会社がそのような行為を行うことを期待し，株主の合理的意思に合致すると考えられるからである。必要か否かを，実際に必要であったかではなく行為の客観的性質に即し，抽象的に判断するのは，取引の安全を図るためである。

　判例は目的の範囲を広げて解釈しており，会社の行為が目的の範囲外とされることは実際にはないといえる。

② 法人格否認の法理

　たとえば，A株式会社の取締役が競業避止義務（356条1項1号）を回避するために，一人会社であるB株式会社を作り，B会社を利用して競業行為をしたとしたらどうだろうか。

　会社は法人であり，構成員とは別個独立の法人格を有する。したがって，A会社の取締役とB会社とは，法律上は別々の人であるから，B会社は競業避止義務を負っていない，といえる。

　しかし，会社を「わら人形」つまり隠れみのに仕立てて，不法な目的のための道具として利用するのを許すのは正義公平に反する。

　そこで，そのような場合に，会社の法人格を否定するのが法人格否認の法

理である。

　法人格否認の法理とは，会社と社員の法人格の独立性を形式的に貫くことが正義・公平に反すると認められる場合に，特定の事案について会社の法人格の独立性を否定し，会社とその背後にある社員とを同一視する法理をいう。判例は，「法人格が濫用される場合」と「法人格が形骸化している場合」に法人格否認の法理を適用している。

　法人格否認の法理は，特定の法律関係について法人格を否定（∵無視）し，妥当な処理を図るものである。

第**6**章　会社の概念

Index

索引

き

索引

索
引

す

せ

索引

索
引

索
引

〈執筆〉
田﨑晴久
TAC公認会計士講座講師（企業法担当）

公認会計士試験

はじめての会社法　第6版

2008年4月4日　初　版　第1刷発行
2023年7月25日　第6版　第1刷発行

著　者	田	﨑	晴	久	
発 行 者	多	田	敏	男	
発 行 所	TAC株式会社　出版事業部				
	（TAC出版）				

〒101-8383
東京都千代田区神田三崎町3-2-18
電話 03 (5276) 9492 (営業)
FAX 03 (5276) 9674
https://shuppan.tac-school.co.jp

組　版	株式会社　グ　ラ　フ　ト	
印　刷	株式会社　光　　　邦	
製　本	株式会社　常　川　製　本	

© HARUHISA TASAKI 2023　　　Printed in Japan　　　ISBN 978-4-300-10902-1
N.D.C 336

TAC出版 書籍のご案内

TAC出版では、資格の学校TAC各講座の定評ある執筆陣による資格試験の参考書をはじめ、資格取得者の開業法や仕事術、実務書、ビジネス書、一般書などを発行しています！

TAC出版の書籍

*一部書籍は、早稲田経営出版のブランドにて刊行しております。

資格・検定試験の受験対策書籍

- ❂日商簿記検定
- ❂建設業経理士
- ❂全経簿記上級
- ❂税 理 士
- ❂公認会計士
- ❂社会保険労務士
- ❂中小企業診断士
- ❂証券アナリスト

- ❂ファイナンシャルプランナー(FP)
- ❂証券外務員
- ❂貸金業務取扱主任者
- ❂不動産鑑定士
- ❂宅地建物取引士
- ❂賃貸不動産経営管理士
- ❂マンション管理士
- ❂管理業務主任者

- ❂司法書士
- ❂行政書士
- ❂司法試験
- ❂弁理士
- ❂公務員試験(大卒程度・高卒者)
- ❂情報処理試験
- ❂介護福祉士
- ❂ケアマネジャー
- ❂社会福祉士　ほか

実務書・ビジネス書

- ❂会計実務、税法、税務、経理
- ❂総務、労務、人事
- ❂ビジネススキル、マナー、就職、自己啓発
- ❂資格取得者の開業法、仕事術、営業術
- ❂翻訳ビジネス書

一般書・エンタメ書

- ❂ファッション
- ❂エッセイ、レシピ
- ❂スポーツ
- ❂旅行ガイド (おとな旅プレミアム/ハルカナ)
- ❂翻訳小説

書籍の正誤に関するご確認とお問合せについて

書籍の記載内容に誤りではないかと思われる箇所がございましたら、以下の手順にてご確認とお問合せをしてくださいますよう、お願い申し上げます。

なお、正誤のお問合せ以外の**書籍内容に関する解説および受験指導などは、一切行っておりません。**そのようなお問合せにつきましては、お答えいたしかねますので、あらかじめご了承ください。

1 「Cyber Book Store」にて正誤表を確認する

TAC出版書籍販売サイト「Cyber Book Store」の
トップページ内「正誤表」コーナーにて、正誤表をご確認ください。

CYBER TAC出版書籍販売サイト
BOOK STORE

URL：https://bookstore.tac-school.co.jp/

2 1の正誤表がない、あるいは正誤表に該当箇所の記載がない
⇒ 下記①、②のどちらかの方法で文書にて問合せをする

★ご注意ください★

お電話でのお問合せは、お受けいたしません。
①、②のどちらの方法でも、お問合せの際には、「お名前」とともに、
「対象の書籍名（○級・第○回対策も含む）およびその版数（第○版・○○年度版など）」
「お問合せ該当箇所の頁数と行数」
「誤りと思われる記載」
「正しいとお考えになる記載とその根拠」
を明記してください。
なお、回答までに１週間前後を要する場合もございます。あらかじめご了承ください。

① ウェブページ「Cyber Book Store」内の「お問合せフォーム」より問合せをする

【お問合せフォームアドレス】

https://bookstore.tac-school.co.jp/inquiry/

② メールにより問合せをする

【メール宛先　TAC出版】

syuppan-h@tac-school.co.jp

※土日祝日はお問合せ対応をおこなっておりません。
※正誤のお問合せ対応は、該当書籍の改訂版刊行月末日までといたします。

乱丁・落丁による交換は、該当書籍の改訂版刊行月末日までといたします。なお、書籍の在庫状況等により、お受けできない場合もございます。
また、各種本試験の実施の延期、中止を理由とした本書の返品はお受けいたしません。返金もいたしかねますので、あらかじめご了承くださいますようお願い申し上げます。

（2022年7月現在）